김원중 교수의

마 음 에
쓰   는
고 전

김원중 교수의

마음에 쓰는 고전

삶의 지표가 되고

힘이 되어준

내 인생의 문장들

한겨레출판

읽고 쓰는 순간, 네 삶이 된다

《장자莊子》〈천도天道〉편에 '득수응심得手應心'이란 말이 있다. 손으로 터득하여 마음에서 느낀다는 말로, 매우 능숙하여 자연스럽다는 뜻이다. 이 말에 따르면 진정한 배움이란 머리로 분석하고 이해하는 것이 아니라 손과 마음으로 익히는 과정이다. 오랜 기간 전심專心과 자기 수양의 과정을 거치면서 손과 마음의 감각을 터득하다 보면 어디에도 얽매이지 않는 경지에 올라설수 있다. 마음과 손에 따르는 것은 천지자연의 이치에 순응하는 것이기 때문에 막히거나 걸리지 않는다는 논리다.

요즘 '필사'가 주목받고 있는 이유도 여기에 있다. 문장을 소리 내어 읽고한 자 한 자 써내려가다 보면 어느새 마음에 새겨지고, 글의 내용을 자연스럽게 숙지하게 되니 교양도 쌓을 수 있다. 표현하는 방식도 익히게 되어 글솜씨까지 좋아진다. 그렇다면 시 필사, 산문 필사, 동화 필사 중에서도 특히

고전 필사에 주목해야 하는 이유는 무엇일까?

　세상이 하루가 다르게 변화하면서 삶의 방향을 잃은 채 헤매는 이들로 넘쳐나고 있다. 앞으로 어떻게 살아가야 할까? 행복은 어디에서 오는가? 시대를 거스르며 살아갈 것인가? 아니면 당당히 맞서는 삶을 살아갈 것인가? 우리의 삶은 선택이고 갈등의 연속이라 해도 과언이 아니다. 필자는 우리가 직면한 삶의 문제와 그 답을 찾기 위해 20여 년간 고전 관련 저작물을 출간해왔다. 인간에 대한 성찰, 시대에 대한 고민, 인간과 인간 사이에 벌어지는 갈등과 화해 속에서 찾아낸 선현들의 통찰과 지혜가 담긴 고전이야말로 혼돈의 시대에 반드시 필요한 삶의 지침이요, 인생의 성공과 실패는 물론 온갖 불행을 극복하게 해주는 힘이 되리라 믿어왔다.

　모든 고전은 기본적으로 인간 본연에 관한 이야기를 담고 있다. 우리 눈앞에 닥친 문제들에 대한 실마리와 촌철살인의 지혜가 감춰져 있다. 스승과 제자들의 어록이긴 하지만 인간관계론의 고전인《논어》, 모든 인간 군상에 대한 기록이자 인간과 권력의 성전인《사기》, 전략적 사고의 원천인《손자병법》, 제왕학과 군주론의 성전인 동시에 자기 성찰과 통찰력에서 지존의 위상을 확보한《한비자》, 처세학의 전범인《채근담》, 삶을 관조하며 느리게 사는 지혜를 담은《노자》, 배움의 자세와 방법, 참사람이 되기 위한 기본 소양이 담긴《격몽요결》등이 그렇다.

　이에 우리 삶을 관통하는 주제를 크게 '心마음' '賢현명' '思생각' '緣인연' '成성공' '福행복'으로 나누고, 삶의 지표가 되고 힘이 되는 명문 120가지를 가려 뽑아 이 책에 담았다. 모든 문장은 필자가 직접 번역하거나 출간한 책에서 뽑은 것으로 원문에 충실하되 독자들에게 읽는 맛을 주기 위해 더러는 문구를 손보았다. 한 문장씩 읽어보고 써내려가면서 고전의 참맛을 이해하기 바라는 마음에 조금씩 의역한 것이니 이해해주기 바란다. 또한 고전 문장에 담긴 의미를 되새겨보고 앞으로의 삶에 도움이 되도록 선인의 경험과 지혜를 기반으로 한 필자의 현대적 해설을 덧붙였는데, 그 깊은 뜻을 짧고 명쾌한 문장으로 설명하기란 쉽지 않았음을 고백한다. 고로 앞뒤 설명이 필요하거나 의미 파악을 좀더 하고 싶다면 필자가 번역한 원본을 찾아 읽어보길 권한다. 마지막으로 한자에 익숙지 않거나 한자를 살펴 습득하고자 하는 분들을 위해서 독음을 밝혀 읽고 쓰는 데 어려움이 없도록 집필했다.

이 책은 사회 초년생이든 조직의 중간관리자이든 어느 누구라도 부담 없이 읽고 쓸 수 있다. 마음으로 읽고 손으로 기억하다 보면 위로가 되고 올바른 삶의 태도를 갖게 되며, 생각의 깊이를 더하는 것은 물론 처세의 지혜를 터득하게 된다. 아무쪼록 이 책을 통해 지금까지의 삶을 되돌아보며 앞으로의 인생을 설계하고 인간관계를 보다 현실적인 차원에서 살펴보는 계기가 되었으면 한다.

미래를 읽는 힘, 바로 고전에 있다!

2016년 4월
김원중

마음의 장 ——

마
음
을

살
펴

오
늘
을

살
다

賢

현명함의 장 ——

가치 있는 사람이 되려면

思

생각의 장 ──

천 번 생각하면

한 번은 터득하지 않겠는가

縁

인연의 장 ——

덕이 있는 사람은 외롭지 않다

成

성공의 장 ──

나만의 칼자루가 있는가

福

행복의 장 —

물처럼 사는 인생이 아름답다

心

마음의 장 ―

마음을 살펴 오늘을 살다

사람의 마음은 변하기 마련이다.
같은 행동이나 상황을 두고도 그때마다 평가 기준이 달라지는 것이
인간의 마음이고 세상의 이치이다.
허나 자신을 돌아보고 스스로에게 엄격하며,
원칙을 세워 행하고 선한 마음으로 주변 사람에게 베푼다면
이 세상살이가 뭐 그리 어렵겠는가!
마음을 살펴 오늘을 힘껏 살아내면 내일이 행복하고 삶이 풍요롭다.

心

마음이 문제다

명심보감明心寶鑑 · 성심상省心上

호랑이를 그릴 때
가죽은 그리기 쉬우나 뼈는 그리기 어려우며,
사람을 앎에 있어 얼굴은 알지만
마음은 알 수 없다.

畵虎畵皮難畵骨
화 호 화 피 난 화 골

知人知面不知心
지 인 지 면 부 지 심

사람의 마음이 문제다. 속담에 "열 길 물 속은 알아도 한 길 사람 속은 모른다"
고 했다. 또 "사람은 겪어 보아야 안다"는 말도 있다. 동상이몽同床異夢이란 서로
같은 처지에서 생각이나 이상이 다르거나, 겉으로는 함께 행동하면서 속으로
다른 생각을 하는 것을 말한다.

心

소나무와 잣나무처럼

명심보감明心寶鑑 · 성심하省心下

흰 옥을 진흙 속에 던지더라도
그 빛은 더럽힐 수 없고,
군자는 혼탁한 곳에 가더라도
그 마음을 더럽히거나 어지럽힐 수 없다.
따라서 소나무와 잣나무는 눈과 서리를 견뎌내고,
밝은 지혜는 위험과 어려움을 건널 수 있다.

白玉投於泥塗 不能汚穢其色
백 옥 투 어 니 도 불 능 오 예 기 색

君子行於濁地 不能染亂其心.
군 자 행 어 탁 지 불 능 염 란 기 심

故松柏可以耐雪霜 明智可以涉危難.
고 송 백 가 이 내 설 상 명 지 가 이 섭 위 난

충분히 경험하고 겪어봐야 내면(진실)이 드러나는 법이다. 평소에는 좋은 감정
으로 시작했으나 시간이 흘러 이해관계가 얽히면 결국 초심마저 흔들리는 것이
세상 이치이다.

心

세상일은 돌고 도는 법

명심보감明心寶鑑 · 성심하省心下

한 줄기 푸른 산, 경치가 그윽한데
앞 사람의 논밭을 뒷사람이 거둔다.
뒷사람은 거둬들였다고 해서 기뻐하지 말지니
다시 거둘 사람이 뒤에 있기에.

一派靑山景色幽 前人田土後人收.
일 파 청 산 경 색 유   전 인 전 토 후 인 수

後人收得莫歡喜 更有收人在後頭.
후 인 수 득 막 환 희   갱 유 수 인 재 후 두

세상일은 돌고 돈다. 여지를 남겨 화근을 줄이고 자신의 마음을 먼저 살펴 평온
을 찾아야 한다. 내가 먼저 취한다고 기뻐하지 말고, 다른 사람이 가져갈 몫도
헤아리는 배려를 해야 하지 않을까?

22

心

모두 너 탓이다

논어論語 · 공야장公冶長

끝났구나!
나는 자신의 잘못을 깨닫고
마음속으로 스스로를 꾸짖는 사람을 보지 못했다.

已矣乎.

이 의 호

吾未見能見其過而内自訟者也.

오 미 견 능 견 기 과 이 내 자 송 자 아

결국 '네 탓이오' 하지 말고 '내 탓이오' 해야 한다는 말이 아니겠는가? 스스
로를 돌아봐야 한다. 타인에게 관대하고 자신에게 엄격하라는 공자의 말씀은
결국 그렇지 못한 우리 삶을 위한 경고다. 물론 말처럼 쉽지는 않다.

心

조화로움

논어論語 · 옹야雍也

바탕이 꾸밈을 이기면 촌스럽고,
꾸밈이 바탕을 이기면 텅 빈 듯하다.
꾸밈과 바탕이 고르게 조화를 이루고
난 뒤에야 군자라고 할 수 있다.

質勝文則野 文勝質則史.
질 승 문 즉 야 문 승 질 즉 사

文質彬彬 然後君子.
문 질 빈 빈 연 후 군 자

외면과 내면의 적절한 조화가 필요하다. 사람이 말만 앞서서도 안 되고 그렇다
고 너무 투박해서도 안 된다. 적절한 꾸밈과 말솜씨, 적절한 조화가 중요하다.
그래서 공자는 화이부동和而不同*을 매우 소중한 가치로 보았다.

*남과 사이좋게 지내기는 하나 무턱대고 어울리지는 아니함

많이 보고 마음에 새겨라

논어 論語 · 술이 述而

아마도 모르면서 창작하는 자가 있겠지만
나는 그런 적이 없다.
많이 듣고 그 가운데 좋은 것을 선택하여 따르고
많이 보고 그것을 [마음에] 새기면
[이것이] 아는 것에 버금가는 일이다.

蓋有不知而作之者 我無是也.
개 유 부 지 이 작 지 자   아 무 시 야

多聞 擇其善者而從之
다 문   택 기 선 자 이 종 지

多見而識之 知之次也.
다 견 이 식 지   지 지 차 야

공자의 지식은 온고지신溫故知新이지 창작創作이 아니다. 겸손한 자세로 늘 과거
와 선현을 통해 앎을 추구해왔다. 마음에 새겨 자기 것으로 만들라는 의미다.

心

유익한 즐거움과 해로운 즐거움

논어 論語 · 계씨 季氏

예악으로 절제하는 것을 즐기고
다른 사람의 장점 말하기를 좋아하고
현명한 친구를 많이 사귀기를 좋아하면 유익하다.
교만을 즐기는 것을 좋아하고
빈둥거리면서 노는 것을 즐기며
주색에 빠져 먹고 마시는 것을 즐기면 해롭다.

樂節禮樂 樂道人之善 樂多賢友 益矣.
낙 절 례 락 낙 도 인 지 선 낙 다 현 우 익 의

樂驕樂 樂佚遊 樂宴樂 損矣.
낙 교 락 낙 일 유 낙 안 락 손 의

사람에게 가장 가치 있고 중요한 것은 '인仁'을 터득하는 일이다. '인'을 행하는 삶은 예악을 실천하고 다른 사람을 자신처럼 사랑하여 어진 친구가 많다. 반대로 육체적 욕망에 사로잡힌 방탕한 생활은 인으로부터 멀어지는 해로운 일이다.

마음을 살펴
오늘을 살다

반드시 경계해야 하는 세 가지

心

논어 論語 · 계씨 季氏

젊어서는 혈기가 안정되지 않았으므로
여색에 빠지는 것을 경계해야 한다.
장년이 되어서는 혈기가 막 왕성해지므로
싸움에 빠지는 것을 경계해야 한다.
늙어서는 혈기가 이미 사그라졌으므로
탐욕에 빠지는 것을 경계해야 한다.

少之時 血氣未定 戒之在色.
소 지 시 혈 기 미 정 계 지 재 색

及其壯也 血氣方剛 戒之在鬪.
급 기 장 야 혈 기 방 강 계 지 재 투

及其老也 血氣旣衰 戒之在得.
급 기 로 야 혈 기 기 쇠 계 지 재 득

마음을 다스려야 한다. 나이가 들면 다른 사람 말을 듣지 않고, 젊어서는 아무
때나 불끈하며 성질을 부린다. 최소한의 비용으로 최대한의 이익을 창출하려면
자신을 먼저 다스려야 한다. 그 핵심은 마음의 평정심을 잃지 않는 일이다.

心

마음에 새겨야 할 아름다운 덕목 논어論語·요왈堯曰

은혜를 베풀면서 낭비하지 않고
수고롭더라도 원망하지 않으며
욕망은 있어도 탐욕은 없고
느긋하면서도 교만하지 않고
위엄이 있으면서도 사납지 않아야 한다.

惠而不費 勞而不怨
혜 이 불 비   노 이 불 원

欲而不貪 泰而不驕
욕 이 불 탐   태 이 불 교

威而不猛 .
위 이 불 맹

윗사람이 마음에 새겨야 할 다섯 가지 덕목이다. 즉 아랫사람을 이롭게 하고,
일을 가려서 하며, 인을 이룩하고, 오만하게 굴지 않으며, 옷차림을 바르게 하
면서 적당한 위엄을 갖추되, 넉넉한 마음씨를 지녀야 한다.

부는 본성이다

사기 史記 · 화식열전 貨殖列傳

부유해지는 데는 정해진 직업이 없고
재물은 정해진 주인이 없다.
능력이 있는 사람에게는 재물이 모이고
능력이 없는 사람에게서는 기왓장 부서지듯 흩어진다.
천금의 부자는 한 도읍의 군주에 맞먹고
거만금을 가진 부자는 왕자와 즐거움을 같이 한다.

富無經業 則貨無常主. 能者輻湊 不肖者瓦解.
부 무 경 업 칙 화 무 상 주   능 자 폭 주 불 초 자 와 해

千金之家比一都之君 巨萬者乃與王者同樂.
천 금 지 가 비 일 도 지 군 거 만 자 내 여 왕 자 동 락

풍요로운 경제는 인간군상 人間群像의 자연스런 발로로서, 교육하지 않아도 누구
나 터득하게 된다. 부자에게 오히려 재물과 사람이 몰려든다는 논법이다. 그러
니 너무 연연해할 필요가 없다.

心

성품, 생활환경에 따라 변한다

사기史記 · 이사열전李斯列傳

사람이 어질다거나 못났다는 것은
비유하자면 이런 쥐와 같아서
자신이 처한 상황에 달렸을 뿐이다.

人之賢不肖 譬如鼠矣 在所自處耳.
인 지 현 불 초   비 여 서 의   재 소 자 처 이

인기척에도 놀라지 않고 쌓아놓은 곡식을 평온하게 먹고 있는 쥐를 보고 이사
가 한 말이다. 생활환경에 따라 사람의 성품도 달라진다는 의미다. 어떤 이는
현자賢者와 군자君子가 되고, 어떤 이는 하층의 우민愚民과 소인小人으로 전락하게
된다.

무리한 욕심을 줄여라

사기史記 · 범저 · 채택열전范雎·蔡澤列傳

욕심이 그칠 줄 모르면
하고자 하는 바를 잃고,
가지고 있으면서 만족할 줄 모르면
가지고 있던 것마저 잃는다.

欲而不知止　失其所以欲
욕 이 부 지 지　실 기 소 이 욕

有而不知足　失其所以有.
유 이 부 지 족　실 기 소 이 유

자기 분수를 알면 살아가는 방식이 일정해 평정심을 유지하게 되고, 고요한 내면에서 깊은 사유가 우러나온다. 그 평정심을 유지하는 방법 중 하나가 바로 무리한 욕심을 줄이는 것이다.

心

포기하면 안 되는 이유

채근담菜根譚 · 전집前集 10장

은혜 속에서 재앙은 피어나니
만족스러울 때 빨리 머리를 돌려 살펴보아야 한다.
실패한 후에 간혹 성공할 수도 있으니
마음을 거스르는 부분이 있다 하더라도
곧바로 손을 떼지는 말라.

恩裡 由來生害 故快意時 須早回頭.
은 리 유 래 생 해 고 쾌 의 시 수 조 회 두

敗時 或反成功 故拂心處 莫便放手.
패 시 혹 반 성 공 고 불 심 처 막 변 방 수

가장 잘나갈 때 조심하라는 경고다. 실패를 거듭한다고 해서 의기소침할 필요
도 없다. 설령 마음에 흡족하지 않더라도 그 연의 끈을 놓지 말고 담담히 때를
기다리라는 말이다.

마음을 살펴
오늘을 살다

心

절제의 미학

채근담菜根譚·전집前集 32장

낮은 곳에 살아보아야
높은 곳에 오르는 위태로움을 알게 되고,
어두운 곳에 있어보아야
밝은 곳으로 나가 눈부신 줄 알게 된다.
고요함을 지켜보아야
활동하기 좋아함이 수고롭다는 걸 알게 되며,
침묵을 수양한 뒤에야
말 많은 것이 시끄러운 줄을 알게 된다.

居卑而後 知登高之爲危 處晦而後 知向明之太露.
거 비 이 후 지 등 고 지 위 위 처 회 이 후 지 향 명 지 태 로

守靜而後 知好動之過勞 養默而後 知多言之爲躁.
수 정 이 후 지 호 동 지 과 로 양 묵 이 후 지 다 언 지 위 조

겪어보지 않으면 얼마나 가치 있는지 위험한지 알지 못한다. 그러므로 높은 곳
에 오르면 겸손해야 하고 낮은 곳에 있어도 비굴할 필요가 없다.

채움과 비움

채근담菜根譚 · 전집前集 75장

마음이란 비우지 않을 수 없으니
비우면 의리가 와서 자리를 잡는다.
마음은 채워두지 않을 수 없으니
채워두면 물욕이 들어오지 못한다.

心不可不虛　虛則義理來居.
심 불 가 불 허　허 즉 의 리 래 거

心不可不實　實則物欲不入.
심 불 가 부 실　실 즉 물 욕 불 입

의리와 물욕은 상극이고 상대적이라 둘은 결코 서로를 용납하지 못한다. 마음 속의 물욕을 내쳐서 비워두어야 의리가 들어올 틈이 생기는 법이다.

心

우직함이 빛을 본다

한비자 韓非子 · 설림상 說林上

교묘하게 속이는 것은
우직하고 참된 것만 못하다.

巧詐不如拙誠.
교 사 불 여 졸 성

'뚝배기보다 장맛'이라는 말처럼 겉모양보다는 내용이 더 중요한 법이다. 장맛
을 제대로 내려면 제 아무리 좋은 그릇보다도 뚝배기에 끓여야 한다. 그런데 세
상은 투박한 뚝배기 같은 사람을 제대로 못 보는 경우가 더 많지 않은가.

無엇을 마음에 둘 것인가

중용中庸
20장

배우기를 좋아하면 지혜에 가까워지고
힘써 행하면 인에 가까워지고
치욕을 알면 용기에 가까워진다.

好學近乎知
호 학 근 호 지

力行近乎仁
역 행 근 호 인

知恥近乎勇.
지 치 근 호 용

공자의 말씀을 인용한 것이다. '호학好學'은 '지知'이며, '역행力行'은 '인仁'이
며, '지치知恥'는 '용勇'이다. 이 세 가지 가운데 무엇을 삶의 지침으로 삼을까
생각하며 처신하자.

心

차마하지 못하는 마음

맹자孟子 · 공손추상公孫丑上

사람은 모두 남에게
차마 할 수 없는 마음이 있다.
옛날의 왕은 남에게
차마 할 수 없는 마음이 있었으므로
이런 마음으로 정치를 시행했다.
남에게 차마 할 수 없는 마음으로
남에게 차마 할 수 없는 정치를 한다면,
천하를 다스리는 일은
손바닥 위에서 움직이는 것과 같다.

人皆有不忍人之心.
인 개 유 불 인 인 지 심

先王有不忍人之心 斯有不忍人之政矣.
선 왕 유 불 인 인 지 심   사 유 불 인 인 지 정 의

以不忍人之心 行不忍人之政
이 불 인 인 지 심   행 불 인 인 지 정

治天下可運於掌上.
치 천 하 가 운 어 장 상

남의 고통을 차마 지나치지 못하는 착한 마음을 나타내는 말로 인간에 대한 연
민과 동정심을 뜻한다. 맹자는 인간이면 누구에게나 이런 마음이 있다고 보았
는데, 맹자는 고자告子와 인성人性 문제를 논하면서 인간은 선천적으로 선한 마음
이 있다고 했다.

心

군건한 마음

후한서 後漢書 · 마원전 馬援傳

대장부가 뜻을 세우면
곤궁해도 더욱 군세어야 하며
늙어도 더욱 씩씩해야 한다.

丈夫爲志 窮當益堅 老當益壯.
장 부 위 지 궁 당 익 견 노 당 익 장

마원은 역경 속에서도 굴건한 마음을 지녀야 한다고 하였다. 그는 소나 말을 키
우면서도 병법을 익혔는데, 장성하면서 군수를 보좌했고 죄수를 호송하다가
풀어주는 등 인정도 많았다. 그런 그가 늘 마음속에 품은 말이었다.

마음의 처신

남이 싫어하는 바를 좋아하며
남이 좋아하는 바를 싫어하는 것,
이것을 일컬어 사람의 본성을 거스른다고 하니
재앙이 반드시 무릇 그 몸에 미친다.

好人之所惡 惡人之所好
호 인 지 소 오   오 인 지 소 호

是謂拂人之性 菑必逮夫身.
시 위 불 인 지 성   치 필 체 부 신

유가에서 출발한 성선설性善說과 성악설性惡說은 인간의 본성에 대하여 말한 것이
다. 성선설은 위의 문장에서 '호인지소오好人之所惡'에 해당하며, 강제성이 없는
예禮로서 다스림을 말한다. 성악설은 '호악오선好惡惡善'을 말하는 것으로, 성선
설의 입장에서는 사람의 본성을 거스르는 것이며, 강제성이 있는 법法으로 다스
려야 한다는 입장이다. 그러나 인간의 감정을 성선과 성악으로 쉽게 나누기는
어렵다.

賢

현명함의 장 ——

가
치
있
는
사
람
이
되
려
면

어떤 사람이 되고 싶은가? 올바른 삶의 태도를 가졌는가?
자신의 허물은 못 보고 항상 남의 허물만 보고 있지는 않은가?
상대를 꿰뚫고, 사람을 이기고, 행동을 강행하는 것에 의미를 두기보다는
나를 알고, 자신을 이기며, 만족을 아는 사람이어야 한다.
나를 바꿀 수 있는 사람은 오직 '나' 자신뿐임을 기억하라.
남을 넘어서려는 욕심을 버리고
자기 분수 안에서 처신하는 일이 더 중요하다.

賢

만족하라

명심보감明心寶鑑 · 안분安分

만족할 줄 알아 늘 만족하면
죽을 때까지 욕되지 않고,
그칠 줄 알아 늘 그치면
죽을 때까지 부끄러움이 없을 것이다.

知足常足　終身不辱
지 족 상 족　종 신 불 욕

知止常止　終身無恥.
지 지 상 지　종 신 무 치

만족할 줄 알고, 멈출 때를 알아 적당한 선에서 자신을 돌아보는 인생의 태도를
유지하라. 무슨 일을 할 때 의욕만 앞서면 도리어 일을 그르칠 수도 있으니 말
이다. 방법은 단 하나다. 안빈낙도安貧樂道, 안분지족安分知足, 빈이무원貧而無怨, 단
사표음簞食瓢飲, 단표누항簞瓢陋巷 등의 성어와 일맥상통한다.

겸손하라

총명하고 생각이 밝아도
우직함으로써 그것을 지키고,
공로가 천하를 덮을 만하더라도
양보함으로써 그것을 지켜라.
용맹스런 힘이 세상을 떨칠지라도
겁냄으로써 그것을 지키고,
부유하여 온 천하를 차지하더라도
겸손으로써 그것을 지켜야 한다.

聰明思睿 守之以愚 功被天下 守之以讓.
총 명 사 예 　 수 지 이 우 　 공 피 천 하 　 수 지 이 양

勇力振世 守之以怯 富有四海 守之以謙.
용 력 진 세 　 수 지 이 겁 　 부 유 사 해 　 수 지 이 겸

겸손한 삶의 자세가 얼마나 중요한지 알려주는 글이다. 철저한 자기관리를 통해 주변의 풍파에 견뎌내는 힘이 바로 '겸손'임을 지적했다. 마음을 보존하는 힘이기도 하다.

賢 인너하라

명심보감明心寶鑑 · 계성戒性

참을 수 있으면 또 참고
삼갈 수 있으면 또 삼가라.
참지 못하고 삼가지 않으면
사소한 일이 크게 된다.

得忍且忍 得戒且戒.
득 인 차 인 득 계 차 계

不忍不戒 小事成大.
불 인 불 계 소 사 성 대

사소한 일을 참지 못하면 원대한 계책을 그르치게 된다. 《논어論語》〈위령공衛靈公〉편의 '소불인칙란대모小不忍則亂大謀', 즉 '천 길 제방도 개미구멍에서 무너진다'는 말과 같은 맥락이다.

賢지는 것이 이기는 것 명심보감明心寶鑑 · 계성戒性

자기를 굽힐 수 있는 사람은
중요한 자리를 차지할 수 있지만,
이기기를 좋아하는 사람은
반드시 적을 만나게 된다.

屈己者能處重
굴 기 자 능 처 중

好勝者必遇敵.
호 승 자 필 우 적

태도를 굽히고 내면을 더욱 단단히 하라는 말이다. 겉으로 고개를 숙이는 일은 어렵지 않다. 오히려 내면에서 무너져 비굴의 수렁으로 빠지는 것이 더 위험하다.

賢

누워 침 뱉지 마라

명심보감明心寶鑑 · 계성戒性

악한 사람이 선한 사람을 욕하거든
선한 사람은 끝까지 대꾸하지 말라.
대꾸하지 않으면 마음이 맑고 한가할 것이니
욕하는 사람만 입이 뜨겁게 끓어오른다.
마치 사람이 하늘에 침을 뱉는 것과 같아서
도리어 자기 몸에 떨어지게 된다.

惡人罵善人 善人摠不對.
악 인 매 선 인   선 인 총 부 대

不對心淸閑 罵者口熱沸.
부 대 심 청 한   매 자 구 열 비

正如人唾天 還從己身墜.
정 여 인 타 천   환 종 기 신 추

때로는 무대응이 상책이다. 모든 화근은 대응하는 데서 시작된다. 비유하면 불
이 허공에서 타다가 끄지 않아도 사그라지는 이치와 같다. '이에는 이', '칼에
는 칼'이라는 대응은 더 큰 화를 부를 뿐이다.

賢

지나침을 경계하라

명심보감明心寶鑑 · 성심상省心上

지나친 아낌은 반드시 심한 낭비를 가져오고
지나친 칭찬은 반드시 심한 비난을 가져온다.
지나친 기쁨은 반드시 심한 근심을 가져오고
지나친 뇌물의 축적은 반드시 심한 망실을 가져온다.

甚愛必甚費 甚譽必甚毀.
심 애 필 심 비 심 예 필 심 훼

甚喜必甚憂 甚臟必甚亡.
심 희 필 심 우 심 장 필 심 망

중용의 미덕을 지키면서 자신의 분수를 아는 것이 삶의 지표가 되어야 한다. 모
든 문제는 절제하지 않는 데서 나오는 법이다. 그래서 공자도 자공이란 제자를
평가하면서 '과유불급過猶不及'이라 하지 않았던가.

賢

다
누
리
지
마
라

명심보감明心寶鑑 · 성심상省心上

복이 있다고 해서 다 누리지 말라.
복이 다하면 몸이 가난하고 궁해지리라.
권세가 있다고 해서 다 부리지 말라.
권세가 다하면 원수와 만나게 된다.
복이 있거든 항상 스스로 아끼고
권세가 있거든 항상 스스로 공손하라.
사람이 살면서 교만과 사치는
시작은 많아도 끝은 없는 법이다.

福莫享盡. 福盡身貧窮. 有勢莫使盡. 勢盡冤相逢.
복 막 향 진   복 진 신 빈 궁   유 세 막 사 진   세 진 원 상 봉

福兮常自惜 勢兮常自恭. 人生驕與侈 有始多無終.
복 혜 상 자 석 세 혜 상 자 공   인 생 교 여 치 유 시 다 무 종

모든 일은 적당히 해야 탈이 없는 법이다. 여유를 두고 하라는 말이다. 재물이
건, 복이건 할 것 없이 다 써버리지 말고 남겨두는 마음을 가져라. 남에게 드러
내려 하지 말고 내면을 챙기는 것이 현명하게 사는 지름길이다.

74

賢

말은 그 사람의 인격이다

명심보감明心寶鑑 · 언어言語

다른 사람을 이롭게 하는 말은
솜과 같이 따사롭고,
다른 사람을 상하게 하는 말은
가시처럼 날카롭다.
한마디 말은
천금과 같이 무겁고,
한마디 말이 사람을 다치게 함은
칼로 베는 것처럼 아프다.

利人之言 煖如綿絮 傷人之語 利如荊棘.
이 인 지 언 난 여 면 서 상 인 지 어 이 여 형 극

一言半句 重値千金 一語傷人 痛如刀割.
일 언 반 구 중 치 천 금 일 어 상 인 통 여 도 할

진실한 말 한마디면 충분하다. 말은 그 사람의 인격과 품격을 나타내므로 성실
함이 담보되어야 한다. 입과 혀는 재앙과 근심의 문이요, 자신을 망치는 도끼라
고 하지 않던가.

지혜로운 사람과 인仁한 사람

논어 論語 · 옹야 雍也

지혜로운 사람은 물을 좋아하고
인한 사람은 산을 좋아한다.
지혜로운 사람은 동적이고
인한 사람은 정적이다.
지혜로운 사람은 즐기고
인한 사람은 오래 산다.

知者樂水 仁者樂山.
지 자 요 수   인 자 요 산

知者動 仁者靜.
지 자 동   인 자 정

知者樂 仁者壽.
지 자 락   인 자 수

지혜로운 사람이 될 것인가, '인仁'한 사람이 될 것인가. 선택은 각자의 몫이다. '인'이란 '애인愛人', 즉 사람을 사랑하는 마음을 뜻한다. '인'의 범위는 광범위하여 '어짊'이란 말로 단순화할 수 없다. 타인에 대한 배려, 효도, 우애 등 인간 정서의 모든 것을 표현한다.

권력을 탐하지 마라

賢

사기史記 · 일자열전日者列傳

도가 높을수록 [몸은] 더욱 편안하고
권세가 높을수록 [몸은] 더욱 위태롭다.
혁혁한 권세를 가진 자리에 있으면
몸을 망치는 날이 오게 마련이다.

道高益安　勢高益危.
도 고 익 안　세 고 익 위

居赫赫之勢　失身且有日矣.
거 혁 혁 지 세　실 신 차 유 일 의

권력에 다가설수록 더욱 위태롭다는 말로, 겸허하게 처신해야만 '명철보신明哲
保身*'할 수 있다는 경고의 메시지다.

*총명하여 도리를 좇아 사물을 처리하고, 몸을 온전히 보전한다는 뜻

賢

위험은 예측해서 막아라

사기 史記 · 사마상여열전 司馬相如列傳

대개 명민한 사람은 [일이] 싹도 트기 전에 미리 알고
지혜로운 사람은 위험이 나타나기 전에 피한다.
재앙이란 본래 대부분 드러나지 않고
미묘한 곳에 숨어 있다가
사람들이 주의를 기울이지 않는 곳에서 나타난다.

蓋明者遠見於未萌 而智者避危於無形.
개 명 자 원 견 어 미 맹 이 지 자 피 위 어 무 형

禍固多藏於隱微 而發於人之所忽者也.
화 고 다 장 어 은 미 이 발 어 인 지 소 홀 자 야

사마상여가 한무제에게 올린 글에 나오는 말이다. 행동 하나하나에 조심하라는
뜻이 담겨 있다. 위에서 말하듯 위험은 예측해서 그물로 세밀하게 거른 뒤에도
반드시 나타나게 마련이다.

賢

적당한 거리를 두어라

채근담菜根譚 · 전집前集 4장

권세와 이익, 분쟁과 사치 따위를
가까이하지 않는 사람은 깨끗하다.
그것을 가까이 하더라도
물들지 않는 사람은 더욱 깨끗하다.
권모술수의 농간을 모르는 사람은 고상하다.
그것을 알면서도 사용하지 않는 사람은
더욱 고상하다고 한다.

勢利紛華 不近者爲潔. 近之 而不染者 爲尤潔.
세 리 분 화 불 근 자 위 결   근 지 이 불 염 자 위 우 결

智械機巧 不知者爲高. 知之 而不用者 爲尤高.
지 계 기 교 부 지 자 위 고   지 지 이 불 용 자 위 우 고

사람을 타락시키는 권세, 이익, 분쟁, 사치 등 네 가지에 물들지 않은 사람이
바로 청렴한 사람이다. 고상한 사람은 남을 속이는 권모술수나 임시방편의 임
기응변을 좋아하지 않는 인격자이다.

賢

속물근성에서 벗어나라

채근담菜根譚 · 전집前集 14장

사람이 되어 뛰어나게 원대한 일을 못하더라도
세속의 욕정에서 벗어난다면
곧 명망 있는 부류에 들게 된다.
학문에 열중하되 뛰어나게 학식을 쌓지 못하더라도
물욕에 얽매이지 않고 덜어낸다면
곧 성인의 경지를 넘어서게 된다.

作人 無甚高遠事業 擺脫得俗情 便入名流.
작인 무심고원사업 파탈득속정 편입명류

爲學 無甚增益工夫 減除得物累 便超聖境.
위학 무심증익공부 감제득물루 편초성경

사람노릇을 하고 학문을 함에 있어 기본적인 마음가짐은 세속의 때를 벗어야
하는 것이다. 책만 읽어서도 안 되고 물욕에 얽매여서도 안 된다. 얽매이다 보
면 본질은 온데간데없고 쭉정이만 남기 십상이다.

賢 나서지 말고 분수에 맞게

채근담菜根譚 · 전집前集 16장

총애와 이익은 남보다 앞서지 말고
도덕과 사업은 남보다 뒤처지지 말라.
받아 누리는 것은 분수 밖으로 넘지 말고
수양하고 실천하는 것은 분수 안으로 줄이려 하지 말라.

寵利 毋居人前 德業 毋落人後.
총리 무거인전 덕업 무락인후

受享 毋踰分外 修爲 毋減分中.
수향 무유분외 수위 무감분중

군자와 소인의 차이는 결국 이익의 문제다. 남을 넘어서려는 욕심을 버리고 자기 분수 안에서 처신하는 일이 더 중요하다.

賢 자신을 보는 눈

한비자 韓非子 · 유로 喩老

지혜란 눈과 같아
백 보 밖은 볼 수 있지만
자신의 눈썹은 볼 수 없다.

智之如目也
지 지 여 목 야

能見百步之外而不能自見其睫.
능 견 백 보 지 외 이 불 능 자 견 기 첩

남의 문제를 거론하기 전에 먼저 자신의 상황을 점검하라. '지피지기 知彼知己'란
말도 있지 않은가? 스스로에게 엄격하고 남에게 관대하면, 자신의 허물은 보이
고 남의 허물은 덮을 수 있다.

賢

부화뇌동하지 마라

한비자韓非子・설림상說林上

미치광이가 동쪽으로 달려가면
뒤쫓는 사람 또한 동쪽으로 달려간다.
그들이 동쪽으로 달려간 것은 같지만
동쪽으로 달려가서 하고자 한 일은 다르다.
같은 일을 하는 사람이라도
상세하게 살펴야 한다.

狂者東走 逐者亦東走.
광 자 동 주   축 자 역 동 주

其東走則同 其所以東走之爲則異.
기 동 주 즉 동   기 소 이 동 주 지 위 즉 이

同事之人 不可不審察也.
동 사 지 인   불 가 불 심 찰 야

같은 일을 하더라도 목적이 다르다는 것을 인식한다면 나아갈 방향을 찾을 수
있지 않을까? 남의 말에 부화뇌동附和雷同*하면 안 되지만, 그들 행동에 대한 면
밀한 분석이 선행되어야 함도 잊지 말아야 한다.

*우레 소리에 맞춰 함께한다는 뜻

賢

쳐마다의위치가있거늘

한비자 韓非子 · 외저설좌하 外儲說左下

관은 비록 찢어졌을지라도
반드시 머리에 쓰고,
신은 비록 다섯 가지 색채가 나더라도
반드시 땅을 밟아야 한다.

冠雖穿弊　必戴於頭
관 수 천 폐　필 대 어 두

履雖五采　必踐之於地.
이 수 오 채　필 천 지 어 지

처한 위치에 따라 할 일도 달라진다는 뜻이다. 모든 것에는 자기 자리가 있다.
군주는 군주의 자리가 있고, 신하는 신하의 자리가 있는 것처럼 말이다.

賢 배부름인가, 눈의 즐거움인가

노자老子 12장

다섯 가지 색깔이 사람의 눈을 멀게 하고
다섯 가지 소리가 사람의 귀를 먹게 하며
다섯 가지 맛이 사람의 입맛을 상하게 한다.
말 달리기와 사냥하는 일이
사람의 마음을 미치게 만들고,
얻기 어려운 재화가 사람의 행동을 방해하게 한다.

五色令人目盲　五音令人耳聾
오 색 령 인 목 맹　오 음 령 인 이 롱

五味令人口爽.
오 미 령 인 구 상

馳騁畋獵　令人心發狂
치 빙 전 렵　영 인 심 발 광

難得之貨　令人行妨.
난 득 지 화　영 인 행 방

'오색五色' '오음五音' '오미五味'라는 감각적 단어를 통해 인간이 추구하는 허례를 지적했다. 노자는 무수히 많은 색깔, 소리, 맛을 부정하고 다섯 가지로 한정하여 인정하려는 인간의 어리석음을 비판했다. 넓은 시야로 깊은 사고를 해야 한다.

스스로를 알고 자신을 이기는 사람

노자老子 33장

남을 알아보는 사람은 지혜롭고
자신을 아는 사람은 현명하다.
남을 이기는 사람은 힘이 있고
자신을 이기는 사람은 강하다.
만족할 줄 아는 사람은 부유하지만
힘써 행하는 사람이 뜻을 얻는다.

知人者智　自知者明.
지 인 자 지 　자 지 자 명

勝人者有力　自勝者强.
승 인 자 유 력 　자 승 자 강

知足者富　强行者有志.
지 족 자 부 　강 행 자 유 지

너무 나서는 사람보다 소극적인 삶, 반성하는 삶이 정신수양에 도움이 된다. 노
자는 사람관계에서 구축되는 문제, 즉 지인知人 –승인勝人 –강행强行의 방식을 결
코 따스한 시선으로 바라보지 않았다. 오히려 자지自知 –자승自勝 –지족知足의 방
식이야말로 진정한 의미가 있다고 강조했다. 모든 것은 자기로부터 시작된다.

賢 밝음과 강함

노자老子
52장

사소한 것을 보는 것을 밝음이라 하고,
부드러움을 지키는 것을 강함이라 한다.

見小曰明 守柔曰强.
견 소 왈 명   수 유 왈 강

사소한 변화를 감지하는 '명철한 지혜'와 '날카로운 통찰력'을 의미한다. '명
明'이란 외부의 어떤 것이 아니라 자기 자신을 제대로 아는 명철함을 말한다. 그
리고 진정한 강함이란 부드러움에서 나온다.

思

생각의 장 ——

한번은 터득하지 않겠는가

천번생각하면

이 세상에 완벽한 사람은 없다.
대단한 권력을 가진 사람도 목숨 앞에 비굴하고,
배움에 게으르면 지혜를 얻을 수 없다.
아무리 어리석은 사람도 천 번 생각하다 보면
한 번 정도는 취할 만한 생각을 하니
자신을 수양하고 학문을 익혀 나아간다면
조금은 더디겠지만 언제고 뜻한 바를 이룰 것이다.

약으로도, 돈으로도 안 되는 것

명심보감明心寶鑑 · 성심상省心上

약이 없어도 공경과 재상이 장수하도록
치료할 수 있으며,
돈이 있어도 자손의 현명함은 사기 어렵다.

無藥可醫卿相壽
무 약 가 의 경 상 수

有錢難買子孫賢.
유 전 난 매 자 손 현

인간은 누구에게나 부족한 점이 있다. 권세를 가진 재상이라 해도 목숨을 사지
못하는 것처럼 자식의 현명함도 사지 못한다. 그러나 어리석게도 우리는 물질
을 물려주려 하지 지혜를 물려주려고 하지 않는다.

명심보감明心寶鑑 · 성심하省心下

물이 지나치게 맑으면 고기가 없고,
사람이 지나치게 살피면 [따르는] 친구가 없다.

水至淸則無魚
수 지 청 즉 무 어

人至察則無徒.
인 지 찰 즉 무 도

물이 너무 맑으면 고기가 살 수 없듯이 사람도 다른 사람의 옳고 그름을 지나치
게 따지면 친구가 없다. 사고가 유연하고 개방적이어야 한다. 사람은 사회적 동
물이기 때문에 혼자서 살아갈 수 없다.

허명을 경계하라

논어 論語 · 학이 學而

남이 자기를 알아주지 않는 것을 근심하지 말고,
[자기가] 남을 알지 못하는 것을 근심하라.

不患人之不己知
불 환 인 지 불 기 지

患不知人也.
환 부 지 인 야

누구든 세상에 이름이 널리 알려지길 원한다. 공자도 자신을 알아줄 군주를 찾
아서 오랜 세월 열국을 주유했다. 이 말은 공자가 스스로를 경계하기 위해 속으
로 다짐했던 말일지도 모른다.

천 번 생각하면
한 번은 터득하지 않겠는가

思

앎의 기본은 정직함이다

논어論語 · 위정爲政

유야, 너에게 안다는 것이 무엇인지 가르쳐줄까?
어떤 것을 알면 그것을 안다고 하고
알지 못하면 알지 못한다고 하는 것,
이것이 [진정으로] 아는 것이다.

由 誨女知之乎.
유 회 녀 지 지 호

知之爲知之 不知爲不知 是知也.
지 지 위 지 지 부 지 위 부 지 시 지 야

아는 것과 아는 척에는 큰 차이가 있다. 앎의 기본은 솔직함에서 나온다. 모르
고도 안다고 하고 다른 사람의 눈을 속여 아는 척하는 것은 어리석다. 이는 앎
의 기회를 스스로 포기하는 일이다. 그러므로 모르면 모른다고 솔직하게 말하
는 것이 오히려 현명하다.

천 번 생각하면
한 번은 터득하지 않겠는가

思

예가 우선이다

논어 論語 · 태백 泰伯

공손하면서 예가 없으면 수고롭고
신중하면서 예가 없으면 [담력이 작아] 두려워하며,
용감하면서 예가 없으면 문란해지고
정직하면서 예가 없으면 박절하게 된다.

恭而無禮則勞　愼而無禮則葸
공 이 무 례 즉 로　신 이 무 례 즉 사

勇而無禮則亂　直而無禮則絞.
용 이 무 례 즉 란　직 이 무 례 즉 교

양육강식 험난한 시대. 생사의 갈림길에 선 공자가 선택한 삶의 원칙은 바로
'예'였다. 생존과 패망의 길에서 군신관계가 무너지고 하극상이 범람하던 춘추
시대에 '예'는 인간이 지켜야 할 최소한의 질서였다. 이는 그때나 지금이나 매
한가지이다.

思 학문이란 방심하면 쉽게 무너진다

논어 論語 · 자한 子罕

[학문은] 비유하자면 산을 쌓는 것과 같으니,
한 삼태기의 흙을 이루지 못하고 그만두어도
내가 그만둔 것이다.
비유하자면 땅을 고르는 것과 같으니,
한 삼태기의 흙을 부어서 나아갈지라도
내가 [나아]가는 것이다.

譬如爲山 未成一簣 止 吾止也.
비 여 위 산 미 성 일 궤 지 오 지 야

譬如平地 雖覆一簣 進 吾往也.
비 여 평 지 수 복 일 궤 진 오 왕 야

학문이란 사소한 방심에도 쉽게 무너질 수 있음을 비유한 말이다. '시종여일 始終如一'이란 말도 따지고 보면 최선을 다하기 위해 초심 유지가 얼마나 어려운지 알려주는 말이다. 일의 성패란 따지고 보면 누가 끝까지 최선을 다해 마침표를 찍는가에 달려 있다.

천 번 생각하면
한 번은 터득하지 않겠는가

호학의 자세

논어論語 · 학이學而

군자는 먹는 데 배부름을 추구하지 않고
거처하는 데 편안함을 추구하지 않으며
일을 처리하는 데 신속하고 말하는 데는 신중하며
도가 있는 곳으로 나아가 스스로를 바로잡는다.
[그렇다면] 배우기를 좋아한다고 말할 수 있다.

君子食無求飽 居無求安
군 자 식 무 구 포   거 무 구 안

敏於事而愼於言 就有道而正焉.
민 어 사 이 신 어 언   취 유 도 이 정 언

可謂好學也已.
가 위 호 학 야 이

공자가 말하는 호학好學의 자세는 먼 데 있지 않고 생활 속에 있다. 그러나 책만
읽는 것이 아니었다. 삶을 살아가는 일상에서 청빈한 자세로 오직 성현의 도를
향해 나아가는 것이었지 학문 그 자체가 아니었다.

思

지혜로운 사람과 어리석은 사람의 차이

사기史記・회음후열전淮陰侯列傳

지혜로운 사람도 천 번 생각에
반드시 한 번의 실수가 있고,
어리석은 사람도 천 번 생각하면
반드시 한 번은 얻음이 있다.

智者千慮 必有一失
지 자 천 려　필 유 일 실

愚者千慮 必有一得.
우 자 천 려　필 유 일 득

얼핏보면 자신을 낮추는 말이지만, 속을 들여다보면 아무리 현명한 사람도 실
수할 수 있으니 늘 겸허하라는 뜻이다. 어리석은 사람이라 해도 언젠가 빛을 보
게 될 날이 있으니 낙심할 필요가 없다. 모든 관계는 상대적이고 보완적이다.

思

대비하라

사기 史記 · 사마상여열전 司馬相如列傳

일어날 때는 반드시 쇠락할 것을 염려하고,
편안할 때는 반드시 위태롭게 될 때를 생각하라.

興必慮衰 安必思危.
흥필려쇠 안필사위

사마상여가 올린 글에 화답하는 천자의 노래 가운데 일부다. 은나라 탕왕과 주
나라 무왕은 지극히 존엄한 지위에 있으면서도 존경하고 삼감을 잃지 않았다.
언제나 스스로 되돌아보고 자신의 잘못을 살폈던 것을 두고 한 말이다.

독단적인 생각을 경계하라

채근담菜根譚 · 전집前集 34장

이익과 욕심이 모두 마음을 해치는 것이 아니라
사사로운 견해가 곧 마음을 해치는 해충이다.
음악과 여색이 반드시 도道를 방해하는 것이 아니라
총명함이 오히려 도를 가로막는 장애물이다.

利欲未盡害心　意見乃害心之蠹賊.
이 욕 미 진 해 심　의 견 내 해 심 지 모 적

聲色未必障道　聰明乃障道之藩屏.
성 색 미 필 장 도　총 명 내 장 도 지 번 병

눈에 보이는 것보다 보이지 않는 것이 더 위험하다. 음악과 여색이 도를 터득하
는 데 장애가 되는 게 아니고 오히려 잘난 체하는 총명함, 겉으로 보이는 것보
다 속에 감추어져 있는 오만의 속성이 병이란 뜻이다.

선과악의 뿌리

채근담菜根譚·전집前集 67장

악한 일을 하고서 남이 알까 두려워하면
악함 가운데에도 오히려 선을 향한 길이 있는 것이요,
착한 일을 하고서 남이 알아주기를 급급해하면
선행 속에 이미 악의 뿌리가 있는 것이다.

爲惡而畏人知　惡中猶有善路
위 악 이 외 인 지　악 중 유 유 선 로

爲善而急人知　善處即是惡根.
위 선 이 급 인 지　선 처 즉 시 악 근

선행과 악행을 하고 나서 가장 중요한 것은 사유하는 힘이다. 선으로 나갈 것인
가, 악으로 나갈 것인가는 바로 관계 속에서 생겨나기 때문이다.

통찰력

思

한비자 韓非子 · 유로 喩老

문으로 나가지 않아도
천하를 알 수 있고,
창문으로 내다보지 않아도
자연의 이치를 알 수 있다.

不 出 於 戶　可 以 知 天 下
불 출 어 호　가 이 지 천 하

不 窺 於 牖　可 以 知 天 道 .
불 규 어 유　가 이 지 천 도

한비는 사람의 몸에 뚫린 구멍이 정신의 창이라고 했다. 같은 〈유로〉편에 "작
은 변화를 꿰뚫어보는 것을 밝음이라고 한다 見小曰明"는 구절이 있는데, 이는 통
찰력이란 남들이 보지 못하는 것을 콕 집어내는 능력으로 사소한 의미까지도
포착함을 뜻한다.

요령이 필요하다

한비자韓非子 · 외저설우하外儲說右下

나무를 흔들 때 한 잎 한 잎 끌어당기면
힘만 들 뿐 전체에 아무런 영향이 없지만,
뿌리를 좌우에서 친다면
잎이 전부 흔들려 떨어지게 된다.

搖木者一一攝其葉 則勞而不徧
요 목 자 일 일 섭 기 엽   즉 로 이 불 편

左右拊其本 而葉徧搖矣.
좌 우 부 기 본   이 엽 편 요 의

깊은 못가에 서 있는 나무를 흔들어 보라. 앉아 있던 새들은 놀라 높이 날 것이고, 밑둥의 울림에 놀란 물고기는 놀라 더 깊이 달아난다. 이때 어망을 잘 쳐둔 어부는 그 줄을 잡아당긴다. 큰 줄을 잡아당기면 물고기가 어망 속에 몽땅 갇히게 된다.

思

만족하고 물러날 줄 알아야 한다

노자老子 9장

가지고 있으면서 더 채우려고 하면 그만두는 것만 못하고
[날을] 다듬어서 더 뾰족하게 만들면 오래 보전할 수 없다.
금과 옥이 집안에 가득 차도 그것을 지킬 수 없고
부귀하면서 교만하면 스스로 그 허물을 남기게 된다.
공이 이루어지면 스스로 물러나는 것이 하늘의 이치다.

持而盈之 不如其已 揣而銳之 不可長保.
지 이 영 지 불 여 기 이 췌 이 예 지 불 가 장 보

金玉滿堂 莫之能守 富貴而驕 自遺其咎.
금 옥 만 당 막 지 능 수 부 귀 이 교 자 유 기 구

功遂身退 天之道.
공 수 신 퇴 천 지 도

우리가 살아가는 이 세상은 권력, 신분, 도덕, 권위, 삶과 죽음 등 여러 가지 구
별이 있고, 그 구별이 사람들을 구속한다. 어느 정도 만족하면 즉시 그만둬야
후환이 없다. 노자는 자신이 가진 것 자체를 잊어버리라고 충고한다. 교만하면
순식간에 모든 것을 잃고 만다.

思

우선순위 세 가지

노자老子 44장

명성과 몸 중에서 무엇과 더 친한가,
몸과 재물 중에서 무엇이 더 중요한가,
얻음과 잃음 중에서 무엇이 더 해로운가?
이런 까닭으로 너무 아끼면 반드시 크게 손해를 보고
많이 쌓아두면 반드시 크게 잃는다.
만족할 줄 알면 욕되지 않고
그칠 줄 알면 위태롭지 않아 오래 지속될 수 있다.

名與身孰親 身與貨孰多 得與亡孰病.
명 여 신 숙 친 신 여 화 숙 다 득 여 망 숙 병

是故甚愛必大費 多藏必厚亡.
시 고 심 애 필 대 비 다 장 필 후 망

知足不辱 知止不殆 可以長久.
지 족 불 욕 지 지 불 태 가 이 장 구

인간의 욕망은 채우면 채울수록 더 커진다. 무엇을 취하고 무엇을 버릴지는 단순한 취사선택의 문제가 아니다. 과정을 통해 사유는 굳어지고 행동까지 그 방향으로 나아간다. 노자가 말하듯이 명성과 재화를 추구하는 세속적 가치관이 깊어질수록 행동거지 하나하나도 종속된다. 우리의 모든 우환은 멈춤을 모르는 데 있다.

思

지혜를 찾아 학문에 뜻을 두다

격몽요결擊蒙要訣 · 입지장立志章

[사람이란] 지혜로움보다 더 아름다운 것이 없고
어짊보다 더 귀한 것이 없으니,
어찌하여 고통스럽게 어질고 지혜롭지 못하여
하늘이 부여한 본래의 성품을 깎아 먹으려 한단 말인가?

莫美於智 莫貴於賢
막 미 어 지 막 귀 어 현

何苦而不爲賢智
하 고 이 불 위 현 지

以虧損天所賦之本性乎.
이 휴 손 천 소 부 지 본 성 호

배움이란 벼슬이나 권력을 위한 욕망 추구가 아니라 혼란한 시대일수록 자신을
수양하고 학문을 익혀 나가라는 메시지다. 끊임없는 욕망은 우리를 불행으로
이끈다. 자신에게 맞는 삶과 행복을 위한 노력이 바로 행복해지는 열쇠다. 지혜
를 찾아 학문에 뜻을 두는, 이것이 율곡의 생각이다.

思

독서의 올바른 자세

격몽요결 擊蒙要訣・독서장 讀書章

반드시 단정하게 손을 모으고 반듯하게 앉아서
공경하는 마음으로 책을 대하고,
마음을 오롯이 하고 뜻을 극진히 하여 자세히 생각하고,
함영 涵泳 하여 [함영이란 익숙히 읽고 깊이 생각하는 것을 일컫는다.]
글의 의미를 깊이 이해하고,
구절마다 반드시 실천할 방법을 추구해야 한다.

必端拱危坐 敬對方冊
필 단 공 위 좌　경 대 방 책

專心致志 精思涵泳 (涵泳者 熟讀深思之謂)
전 심 치 지　정 사 함 영　함 영 자　숙 독 심 사 지 위

深解義趣 而每句 必求踐履之方.
심 해 의 취　이 매 구　필 구 천 리 지 방

독서의 중요성과 그 구체적인 방법을 논하고 있다. 책을 통해 사물의 이치를 탐
구하고 삶의 방향을 설정함으로써 책을 대하는 마음의 자세를 이야기했다. 공
경하는 마음과 온전히 모든 것을 습득하겠다는 자세가 필요하다.

思

여지를 남겨라

여씨춘추呂氏春秋·효행람孝行覽

연못물을 모두 퍼내어 고기를 잡으면
물고기를 어찌 못 잡겠습니까?
그러나 그 이듬해에는 잡을 물고기가 없을 것입니다.
산의 나무를 모두 불태워 짐승을 잡으면 어찌 못 잡겠습니까?
그러나 이듬해에는 잡을 짐승이 없을 것입니다.

竭澤而漁　焉不獲得　而明年無魚.
갈 택 이 어　언 불 획 득　이 명 년 무 어

焚藪而田　焉不獲得　而明年無獸.
분 수 이 전　언 불 획 득　이 명 년 무 수

연못을 말려 고기를 얻는다는 말로, 눈앞의 이익만 생각할 뿐 앞날은 전혀 생각
하지 않음을 꾸짖는 말이다. 눈앞의 이익만을 위한다면 결국 화를 초래한다. 세
상일은 사슬처럼 연결되어 당신이 어떤 이익을 좇으면 분명 그 뒤에 더 강력한
누군가가 당신을 주시할 것이다.

思 분수를 지키는 다섯 가지 방법 대학大學·경經 1 장

머무를 곳을 안 후에 정함이 있고
정해진 후에 고요함이 있으며
고요한 후에 편안할 수 있고
편안한 후에 생각할 수 있으며
생각한 후에 얻을 수 있다.

知止而後有定 定而後能靜
지 지 이 후 유 정　정 이 후 능 정

靜而後能安 安而後能慮
정 이 후 능 안　안 이 후 능 려

慮而後能得.
여 이 후 능 득

이 문장은 '지止' '정定' '정靜' '안安' '려慮' '득得'의 순서대로 육사六事를 말한
다. 여기서 '지止'라는 것은 마땅히 그쳐야 하는 경지다. 곧 지극한 선이 있는
곳이니, 그것을 알면 뜻에 정해진 방향이 있게 된다.

思 타고난 자와 노력하는 자의 차이

중용中庸 20장

어떤 사람은 태어나면서 도를 알고
어떤 사람은 배워서 도를 알고
어떤 사람은 곤궁하면서 도를 알게 되니
그가 도를 앎에 이르러서는 매한가지이다.

或生而知之 或學而知之
혹 생 이 지 지 혹 학 이 지 지

或困而知之 及其知之一也.
혹 곤 이 지 지 급 기 지 지 일 야

사람은 타고난 역량이 있다. 생이지지生而知之는 가장 높은 사람이고, 학이지지
學而知之는 영민한 사람이고, 곤이지지困而知之는 가장 낮은 등급의 사람을 말한다.
그러나 결과는 매한가지이다. 그러니 노력하고 노력하자. 자신이 좀 부족할지
라도.

緣

인연의 장 —

덕이 있는 사람은 외롭지 않다

우리는 누군가의 부모로, 상사 혹은 아랫사람으로, 때론 친구나 연인으로
각자의 위치에서 최선을 다해 살아간다.
그 안에는 좋은 인연으로 만나 상생의 길을 걷기도 하지만,
무슨 악연인지 서로를 견제하며 상극의 길을 걷기도 한다.
무릇 인연이란 남을 배려하고 존중하는 마음이 전제되었을 때 가능하다.
일련의 과정을 통해 지혜를 터득하고 자신의 삶에 투영해봄으로써
성장해 나가야 한다. 그래야 인생이 외롭지 않다.

도적과 스승의 차이

명심보감明心寶鑑 · 정기正己

나의 착한 점을 말해주는 사람은 나의 도적이요,
나의 나쁜 점을 말해주는 사람은 나의 스승이다.

道吾善者是吾賊
도 오 선 자 시 오 적

道吾惡者是吾師 .
도 오 악 자 시 오 사

나의 장점이나 선행을 들으려 하기보다는 단점과 잘못된 점을 들으려는 노력이
필요하다. 특히 친구의 비판을 비난으로 여기지 말고 받아들여야 한다. 같은 말
이라도 듣는 사람의 자세가 중요하다.

사람의 본성을 알아 보는 법 명심보감明心寶鑑 · 정기正己

술에 취했어도 말이 없다면 참다운 군자요,
재물 거래에 분명하다면 대장부다.

酒中不語 眞君子
주 중 불 어   진 군 자

財上分明 大丈夫.
재 상 분 명   대 장 부

사람의 본성을 알아보는 방법은 의외로 간단하다. 함께 술을 마셔봐라. 그리고
금전 거래를 해보라. 이 두 가지만 해봐도 그 사람의 생각과 마음을 엿볼 수 있
다. 이는 지금도 통용되는 방법이다.

덕이 있는 사람은
외롭지 않다

다른 사람에게 너그러운가

緣

명심보감明心寶鑑 · 정기正己

귀로는 다른 사람의 그릇됨을 듣지 않고
눈으로는 다른 사람의 단점을 보지 않으며
입으로는 다른 사람의 허물을 말하지 않아야 군자에 가깝다.

耳不聞人之非
이 불 문 인 지 비

目不視人之短
목 불 시 인 지 단

口不言人之過　庶幾君子.
구 불 언 인 지 과　서 기 군 자

군자의 최우선 덕목은 다른 사람에게 너그러워야 한다. 물론 어렵겠지만 말이
다. 남을 배려하고 존중하는 마음으로 다른 사람의 입장에서 생각하라. 이것이
인간관계의 출발점이다.

어떤 친구를 곁에 둘 것인가

緣

명심보감明心寶鑑 · 언어言語

술 마시고 밥 먹을 때는
'형, 아우'라 하는 이가 천 명이나 되더니
급하고 어려울 때는 도와줄 친구가 한 명도 없네.

酒食兄弟 千個有
주 식 형 제 천 개 유

急難之朋 一個無.
급 난 지 붕 일 개 무

어려운 처지에 놓였을 때 비로소 참다운 친구를 알게 된다. 일단 머리카락 한 가닥만큼이라도 이해관계가 생겼을 때 거들떠보지 않고 아는 척하지 않는다면 그 관계는 끊는 게 옳다. 가장 어려울 때 도와주는 친구를 곁에 두어라.

윗사람의 자세

논어論語 · 팔일八佾

윗자리에 있으면서 너그럽지 않고
예를 행하면서 공경하지 않고
상을 당하고도 슬퍼하지 않는다면
내가 무엇 때문에 그런 사람을 보겠는가?

居上不寬 爲禮不敬
거 상 불 관 위 례 불 경

臨喪不哀 吾何以觀之哉.
임 상 불 애 오 하 이 관 지 재

윗사람의 자세에 대한 공자의 말은 생각보다 간단하다. 윗사람은 너그러워야
하고, 예를 행함에 있어 공경하는 마음이 있어야 하고, 상을 당해서는 슬퍼하
는 마음가짐이 필요하다는 것이다.

덕이 있는 사람은
외롭지 않다

어진 사람

緣

논어 論語 · 이인 里仁

부유함과 귀함은 사람들이 바라는 바이지만
정당하게[道] 얻은 것이 아니면 누려서는 안 된다.
가난함과 천함은 사람들이 싫어하는 바이지만
합당하지[道] 않은 상황이라면 벗어나려 해서는 안 된다.

富與貴 是人之所欲也　不以其道得之　不處也.
부 여 귀　시 인 지 소 욕 야　불 이 기 도 득 지　불 처 야

貧與賤 是人之所惡也　不以其道得之　不去也.
빈 여 천　시 인 지 소 오 야　불 이 기 도 득 지　불 거 야

부유함과 귀함은 모든 사람이 원하고, 가난함과 천함은 모두 기피한다. 그러나
모든 것을 인仁의 테두리에 두어야 한다.

자신을 낮추고 비우는 태도

논어論語·태백泰伯

능력이 있으면서도 능력 없는 사람에게 묻고
많이 알고 있으면서도 적게 아는 사람에게 물으며,
있으면서도 없는 듯이 행동하고
가득 차 있으면서도 텅 빈 듯하며,
[다른 사람이] 나를 속일지라도 [잘잘못을] 따지지 않았으니
예전에 나의 벗이 일찍이 이렇게 실천했다.

以 能 問 於 不 能　以 多 問 於 寡
이 능 문 어 불 능　이 다 문 어 과

有 若 無　實 若 虛
유 약 무　실 약 허

犯 而 不 校　昔 者 吾 友 嘗 從 事 於 斯 矣.
범 이 불 교　석 자 오 우 상 종 사 어 사 의

묵묵히 실천하는 우직愚直한 모습이 필요함을 꼬집은 글이다. 공자가 그토록 좋아한 안회의 삶이 겉으로는 '어리석어愚' 보였으나 그의 행동 하나하나를 살펴보면 그렇지가 않았다. 〈술이〉편의 "없으면서 있는 척하고, 비었으면서도 가득 차 있는 척하며, 곤궁하면서도 부자인 척 하니亡而爲有, 虛而爲盈, 約而爲泰……"라는 말과 비교해서 읽어보면 의미가 분명해진다.

역경을 겪은 후에야 사람을 알다

緣

겨울이 된 후에야
소나무와 잣나무가 늦게 시든다는 것을 안다.

歲寒 然後知松柏之後彫也.
세 한 연 후 지 송 백 지 후 조 야

논어 論語 · 자한子罕

직접 경험하거나 대해보지 않고 그 사람을 논하지 말라는 뜻이다. 함부로 남을
비평하지 말고, 함께 경험하고 세월을 보내야만 진면목을 알 수 있다. 사람의
참모습이란 역경을 겪으면서 드러나게 되는 법이다.

덕이 있는 사람은 반드시 [바른] 말을 하지만
말을 하는 사람이라고 해서 반드시 덕이 있는 것은 아니다.
인한 사람은 반드시 용기가 있지만
용기가 있는 사람이라고 해서 반드시 인한 것은 아니다.

有德者必有言　有言者不必有德.
유 덕 자 필 유 언　유 언 자 불 필 유 덕

仁者必有勇　勇者不必有仁.
인 자 필 유 용　용 자 불 필 유 인

덕이 있어야 말할 자격이 있고, 인이 있어야 진정한 용기를 획득할 수 있다. 공
자는 말이나 용기에 대해 가치 부여를 하지 않았다. 말과 용기는 겉으로 드러나
지만, 덕과 인은 내면에 있기 때문이다.

덕이 있는 사람은
외롭지 않다

평생 실천해야 할 일은

무엇일까?

논어 論語·위령공 衛靈公

緣

아마도 '서(恕)'일 것이다.
자기가 하고자 하지 않는 바를 남에게 베풀지 않는다.

其恕乎.
기 서 호

己所不欲 勿施於人.
기 소 불 욕 물 시 어 인

공자가 평생 마음에 담아둔 것은 바로 '충(忠)'과 '서(恕)'였다. 그중에서 '서'는 타
인에 대한 배려이고 자기희생이다. 즉, 내 마음에 미루어 다른 사람을 헤아린
다는 뜻이다. 세상 모든 사람이 이런 자세로 살아간다면 삶은 꽤 풍요로워질 텐
데, 문제는 이와 반대로 한다는 것이다.

정직한 사람을 벗하고
미더운 사람을 사귀며
견문이 많은 사람을 벗하면 이롭다.
아첨을 잘하는 사람을 벗하고
겉과 속이 다른 사람을 벗하며
말재주가 뛰어난 사람을 사귀면 손해다.

논어 論語 · 계씨 季氏

友直 友諒 友多聞 益矣.
우 직 우 량 우 다 문 익 의

友便辟 友善柔 友便佞 損矣.
우 편 벽 우 선 유 우 편 녕 손 의

좋은 친구와 나쁜 친구에 대한 조언이다. 손해인 줄 알면서 우리는 나쁜 사람과
사귀려고 한다. 유유상종이란 말이 있듯이 공자가 말하는 교우관계란 자신의
자화상이기도 하다. 어떤 사람과 벗할 것인지는 자신의 선택에 달렸다.

어설프게 충고하지 마라

논어 論語 · 이인 里仁

군주를 섬기는 데 [간언을] 일삼으면
곧 모욕을 당하고,
친구에게 [간언을] 일삼으면
곧 소원해진다.

事君數* 斯辱矣
사 군 삭   사 욕 의

朋友數 斯疏矣.
붕 우 삭 사 소 의

임금에게 간언하다 역린을 건드리면 자칫 벼슬을 내놓는 모욕을 당할 수 있다.
또한 벗과 사귐에 있어 자주 간언하면 소원해질 수 있다. 그러니 적당한 거리를
두고 자신이 할 말과 하지 말아야 할 말을 잘 가려 현명하게 처세하라는 뜻이다.

* '삭數'은 '자주 삭'으로 읽어야 한다.

덕을 쌓고 수양하는 방법

채근담菜根譚 · 전집前集 5장

귓속으로 늘 귀에 거슬리는 말을 듣고
마음속으로 항상 마음에 거슬리는 일을 간직하면
덕에 나아가고 행실을 갈고 닦는 숫돌이 되는 것이다.
만약에 하는 말마다 귀를 즐겁게 하고
하는 일마다 마음을 유쾌하게 한다면
[나 자신을] 짐새의 독에 파묻는 것이다.

耳中常聞逆耳之言　心中常有拂心之事
이 중 상 문 역 이 지 언　심 중 상 유 불 심 지 사

總是進德修行的砥石.
총 시 진 덕 수 행 적 지 석

若言言悦耳　事事快心
약 언 언 열 이　사 사 쾌 심

便把此生　埋在鴆毒中矣.
편 파 차 생　매 재 짐 독 중 의

덕을 쌓고 수양하는 일은 자신의 귀와 마음을 불편하게 하는 말과 행동을 받아들이는 데 있다. 감언이설甘言利説은 마치 짐새*의 독에 파묻는 것처럼 나를 구렁텅이로 몰아간다.

*중국 남방 광둥(廣東)에서 사는 독이 있는 새

덕이 높은 사람 역시 평범한 사람이다

緣

채근담菜根譚 · 전집前集 7장

진한 술과 기름진 고기, 매운맛과 단맛은 참맛은 아니니
참맛은 단지 담백할 뿐이다.
신묘하고 기이하며 특별한 재능을 가진 사람은
지인至人이 아니니
지인은 단지 평범할 뿐이다.

醲肥辛甘 非眞味 眞味只是淡.
예 비 신 감　비 진 미　진 미 지 시 담

神奇卓異 非至人 至人只是常.
신 기 탁 이　비 지 인　지 인 지 시 상

누구나 먹기 좋아하는 음식은 쉽게 싫증나기 마련이다. 너무 남다른 체하는 사람도 오래가지 못한다. 참된 사람은 담백한 음식 맛이 그렇듯 평범한 가운데 진리가 있는 법이다.

빛을 감추고 덕을 길러라

채근담茶根譚·전집前集

19장

완벽한 명성과 훌륭한 공로는
혼자만 차지해서는 안 되며,
조금은 다른 사람에게 주어야만
해로움을 멀리하고 자신을 온전히 할 수 있다.
욕된 행위와 더러운 이름은
남에게 전부 떠안겨서는 안 되며,
조금은 자신에게 돌려야만
빛을 감추고 덕을 기를 수 있다.

完名美節　不宜獨任　分些與人　可以遠害全身.
완 명 미 절　불 의 독 임　분 사 여 인　가 이 원 해 전 신

辱行汚名　不宜全推　引些歸己　可以韜光養德.
욕 행 오 명　불 의 전 추　인 사 귀 기　가 이 도 광 양 덕

남에게 좋은 명성을 돌리고 더러운 이름은 본인이 책임지는 것이 옳다. 칭찬을 독
차지하지 않고 불명예를 남에게 미루지 않는 자기희생이 덕을 쌓는 지름길이다.

덕이 있는 사람은
외롭지 않다

緣

나 자신을 높이는 사람은

노자老子 24장

발돋움하여 서 있는 사람은 오래 서 있을 수 없고
다리를 벌려 걷는 사람은 오래 걸을 수 없다.
스스로를 드러내려는 사람은 현명하지 못하고
스스로를 옳다고 여기는 사람은 드러나지 못한다.
스스로를 자랑하는 사람은 공이 없고
스스로를 뽐내는 사람은 [덕이] 오래 가지 못한다.

企者不立 跨者不行.
기 자 불 립   과 자 불 행

自見者不明 自是者不彰.
자 현 자 불 명   자 시 자 불 창

自伐者無功 自矜者不長.
자 벌 자 무 공   자 긍 자 부 장

인간은 스스로를 높이고 자신이 대단하다고 과장하면서 허풍을 떤다. 이는 스스로 현명하지 못함을 고백하는 것이며, 스스로 어떤 일을 해도 제대로 할 수 없음을 응변하는 것이다.

緣

원한을 덕으로 갚는다

노자老子
63장

작은 것을 크게 여기고 적은 것을 많게 여기며
원한을 덕으로 갚는다.
어려운 일을 도모하는 자는 쉬운 데에서 도모하고
큰일을 하는 자는 작은 일에서 시작한다.
천하의 어려운 일은 반드시 쉬운 데에서 일어나고
천하의 큰일은 반드시 작은 일에서 일어난다.

大小多少 報怨以德. 圖難於其易 爲大於其細.
대 소 다 소 보 원 이 덕   도 난 어 기 이 위 대 어 기 세

天下難事 必作於易 天下大事 必作於細.
천 하 난 사 필 작 어 이 천 하 대 사 필 작 어 세

노자는 '크고, 작음'과 '어려움, 쉬움' 중에 '작음'과 '어려움'을 취했다. 어려움은 쉬운 데서 시작하고 큰 것은 작은 데서 비롯된다니 상식과 반대된다. 따라서 노자가 '보원이덕報怨以德'이라고 한 것 역시 보통 사람이 덕으로 덕을 갚고, 원망으로 원망을 갚는 것과는 다르다.

윗자리와 아랫자리

緣

중용中庸 14장

윗자리에 있으면서 아랫사람을 업신여기지 않고
아랫자리에 있으면서 윗사람을 끌어내리지 않으며
자신을 바르게 하여 남에게 구하지 않으면
원망할 일이 없다.
윗사람은 하늘을 원망하지 않으며
아랫사람은 다른 사람을 탓하지 않는다.

在上位不陵下 在下位不援上
재 상 위 불 릉 하   재 하 위 불 원 상

正己而不求於人則無怨.
정 기 이 불 구 어 인 즉 무 원

上不怨天 下不尤人.
상 불 원 천   하 불 우 인

자기를 바르게 하지 않고 남에게 구하니, 윗사람은 하늘을 원망하고, 아랫사람
들은 주변에 있는 사람을 탓한다. 이런 사람 치고 제대로 되는 사람 없다. '내
탓, 네 덕'의 마음을 가져야 한다.

시경 詩經 · 소아 小雅 〈학명 鶴鳴〉

학이 깊은 물가에서 울면
소리가 하늘까지 들린다.
물고기는 연못에 숨어 있으나
간혹 못가에도 있다.

鶴鳴於九皐 聲聞於天.
학 명 어 구 고 성 문 어 천

魚潛在淵 或在于渚.
어 잠 재 연 혹 재 우 저

현명한 사람은 반드시 세상에 드러나는 법이다. 세상엔 자신보다 훨씬 멀리 보
고, 사물을 꿰뚫어 볼 수 있는 인물들이 의외로 많다. 묵묵히 시세를 관망하면
서 때를 기다리는 것이 학식 있는 사람의 정신이다.

덕이 있는 사람은
외롭지 않다

단련이 필요하다

순자荀子 · 성악性惡

[고운] 숫돌에 갈지 않으면 날카로워질 수 없고
사람의 힘을 들이지 않고는 자를 수도 없다.

不可砥厲　則不能利
불 가 지 려　즉 불 능 리

不得人力　則不能斷.
부 득 인 력　즉 불 능 단

순자가 말하길 천하의 명검들은 끊임없는 시행착오와 단련의 과정을 거쳐서 탄
생하지, 한순간 뚝딱하여 나오는 것이 아니라고 하였다. 사람의 품성도 마찬가
지다. 주어진 환경이나 주위 사람에 의해 깊은 영향을 받는다.

성공의 장 ──

나만의 칼자루가 있는가

인생을 바꿀 기회가 세 번 찾아온다는 말이 있다.
어떤 사람은 그 기회를 잘 잡아서 인생을 송두리째 바꾸고,
어떤 사람은 그 기회를 놓쳐 두고두고 후회하는 삶을 살아간다.
그래서 기회를 읽는 눈과 그 기회를 잡는 결단력이 필요한 법이다.
하지만 잘못된 선택은 자신은 물론 가족까지 멸하게 한다.
좋은 자리, 높은 자리에 올라갈수록 겸손의 미덕을 쌓고
벼랑 끝에 선 것처럼 자기 관리가 필요한 이유가 여기에 있다.

알고, 좋아하고, 즐기는 것

논어 論語 · 옹야 雍也

무엇을 안다는 것은 그것을 좋아하는 것만 못하고
무엇을 좋아하는 것은 즐기는 것만 못하다.

知之者不如好之者
지 지 자 불 여 호 지 자

好之者不如樂之者.
호 지 자 불 여 락 지 자

너무나 유명한 공자의 말이다. 세 가지 차원에 대해 말하고 있다. 즉 지知, 호好,
낙樂의 순서에서 뒤로 가면 갈수록 그 성취는 달라진다. 진정한 즐김의 이치를
아는 자가 성공의 길을 가는 법이다.

꾸짖거나 가르치는 법

채근담菜根譚 · 전집前集 23장

남의 잘못을 꾸짖을 때는 너무 엄하게 하지 말라.
그 사람이 견디어 받아들일 수 있는지 생각해야 한다.
남에게 선을 가르침에 지나치게 고상하게 하지 말라.
그 사람으로 하여금 따를 수 있게 해야 한다.

攻人之惡 毋太嚴.
공 인 지 악 무 태 엄

要思其堪受.
요 사 기 감 수

教人以善 毋過高.
교 인 이 선 무 과 고

當使其可從.
당 사 기 가 종

칭찬이건 꾸짖음이건 지나치면 역효과를 낸다. 특히 꾸짖을 때 너무 심하게 하여 반감을 초래해서는 안 된다. 상대의 수용 능력을 보고 감당할 수 있을 만큼만 해야 한다.

칼자루를 쥐어라

한비자韓非子 · 이병二柄

무릇 호랑이가 개를 복종시킬 수 있는 까닭은
발톱과 이빨을 지녔기 때문이다.
만일 호랑이에게서 발톱과 이빨을 떼어
개로 하여금 사용하게 한다면
호랑이가 도리어 개에게 복종할 것이다.

夫虎之所以能服狗者 爪牙也.
부 호 지 소 이 능 복 구 자 조 아 야

使虎釋其爪牙而使狗用之
사 호 석 기 조 아 이 사 구 용 지

則虎反服於狗矣.
즉 호 반 복 어 구 의

발톱과 이빨은 호랑이가 갖고 있는 힘이다. 우리의 삶도 마찬가지로 자신에게
힘이 있어야 타인을 거느릴 수 있고 리더십을 발휘할 수 있다. 강한 자가 멋있
다는 말도 있지 않은가! 세상은 정글의 법칙이란 말이 여전히 통하니 좀 서글프
지만 어쩔 수 없다. 힘을 기르자.

속마음을 숨겨라

한비자 韓非子 · 주도 主道

군주는 그가 하고자 하는 바를 드러내지 않는다.
군주가 하고자 하는 바를 내보이면
신하는 그 의도에 따라 잘 보이려고 스스로를 꾸밀 것이다.
군주는 자신의 속뜻을 드러내지 말아야 한다.
군주가 그 속마음을 보이면
신하는 스스로 [남과] 다른 의견을 드러내려 할 것이다.

君無見其所欲.
군 무 견 기 소 욕

君見其所欲 臣自將雕琢.
군 견 기 소 욕 신 자 장 조 탁

君無見其意.
군 무 견 기 의

君見其意 臣將自表異.
군 견 기 의 신 장 자 표 리

권력자는 자신을 드러내는 것이야말로 신하에게 빌미를 주는 것임을 알아야 한다. 군주는 감정을 쉽게 드러내지 않는, 냉정한 자기관리를 요구받는 자리다. 섣부른 감정표현은 자칫 화를 부르게 된다는 점을 기억해야 한다. 자신의 언행을 제어할 줄 알아야 한다.

아랫사람을 믿지 마라

한비자韓非子·양각揚榷

아랫사람은 사심을 숨기고서 윗사람을 시험하며
윗사람은 법도를 잡고 아랫사람을 해치려 한다.

下匿其私 用試其上
하 닉 기 사 용 시 기 상

上操度量 以割其下.
상 조 도 량 이 할 기 하

들기 좋으라고 하는 말을 싫어하는 사람은 없다. 특히 권력자는 더더욱 그러하
다. 아랫사람의 동태를 감시하는 방법은 의외로 간단하다. 아랫사람의 말과 행
동이 늘 진심이 아니라는 평범한 사실을 알고 있으면 된다.

성공을 원한다면 은밀하라

한비자 韓非子 · 세난 說難

무릇 일이란 은밀하게 이루어져야 성공하고,
말이 새어 나가면 실패한다.

夫事以密成 語以泄敗.
부 사 이 밀 성 어 이 널 패

말이 얼마나 무서운 힘을 지니고 있는지 알려주는 글이다. 일이란 늘 소문 없이
해야 성공하는 법이다. 성공을 원한다면 말을 경계하라.

동상이몽 관계

한비자 韓非子 · 간접시신 姦劫弑臣

대체로 다른 사람의 신하된 자들은
죄를 짓고도 벌을 받지 않기를 바라며,
공이 없어도 모두 존귀한 지위에 오르기를 바란다.

凡人臣者 有罪固不欲誅
범 인 신 자　유 죄 고 불 욕 주

無功者皆欲尊顯.
무 공 자 개 욕 존 현

동상이몽 관계가 바로 군신관계다. 간사한 신하들을 다스리기 위한 방법은 인
의도덕仁義道德으로 안 된다는 것이 한비의 논법이다. 법치를 버리고 패왕의 공업
을 이루기란 불가능하다.

사소한 것이 사소한 것이 아니다

한비자 韓非子 · 망징 亡徵

나무가 부러지는 것은 반드시 좀벌레를 통해서이고,
담장이 무너지는 것은 반드시 틈을 통해서다.
비록 나무에 좀벌레가 먹었다 하더라도
강한 바람이 불지 않으면 부러지지 않을 것이고,
벽에 틈이 생겼다 하더라도
큰 비가 내리지 않으면 무너지지 않는다.

木之折也必通蠹 牆之壞也必通隙.
목 지 절 야 필 통 두 장 지 괴 야 필 통 극

然木雖蠹 無疾風不折 牆雖隙 無大雨不壞.
연 목 수 두 무 질 풍 부 절 장 수 극 무 대 양 불 괴

모든 일에는 징조가 나타난다고 했다. 징조가 있어 외부로 표출되는 것은 어떤
동기만 있으면 늘 그럴 수 있다. 우리도 곧잘 위기에 직면하는데, 그 위기는 한
번에 찾아오지 않는다. 사소한 데에 주목하라. 그것이 성공의 중요한 포인트다.

능력은 상황에 따라 변한다

한비자韓非子 • 설림하說林下

원숭이를 우리 속에 가두면
돼지와 같아진다.

置猿於柙中　則與豚同.
치 원 어 합 중　즉 여 돈 동

남의 눈에 별 볼 일 없어 보이는 사람이 맡은 일에 충실한 경우가 있다. 그런 인
재를 발굴해 적재적소에서 일할 자리를 만들어야 한다. 영리한 원숭이로 만들
것인지, 우리 안에 가두어 돼지로 만들 것인지는 인재를 쓸 줄 아는 능력을 지
닌 자의 몫이다. 기억하라, 재주 있는 사람은 언젠가는 빛을 보게 된다. 자신을
알아주는 그 누군가가 나타난다.

혼자만 볼 수 있다면 밝다고 하고,
혼자만 들을 수 있으면 총명하다고 한다.
홀로 결단하는 자가
천하의 주인이 될 수 있다.

獨視者謂明　獨聽者謂聰.
독 시 자 위 명　독 청 자 위 총

能獨斷者　故可以爲天下主.
능 독 단 자　고 가 이 위 천 하 주

고독한 권력자의 운명적 선택을 강조했다. 이는 누구에게나 해당하는 말이다.
마치 《무소의 뿔처럼 혼자서 가라》는 소설 제목처럼 말이다. 흔들림 없는 원칙
을 갖고 있어야 하는 것은 이래서 중요하다.

기반을 튼튼히 하라

한비자韓非子 · 오두五蠹

소매가 길면 춤을 잘 추고,
돈이 많으면 장사를 잘한다.

長袖善舞 多錢善賈.
장 수 선 무 다 전 선 고

자질이 좋고 기반이 튼튼해야 일을 쉽게 이룬다. 지지기반이 필요하고 버틸 수
있는 버팀목이 소중한 법이다. 수완手腕이란 세勢와 재財가 있을 때 위력을 발휘
한다.

공정함은 위대하다

한비자韓非子 · 유도有度

법은 신분이 귀한 자에게 아부하지 않고,
먹줄은 굽은 모양에 따라 구부려 사용하지 않는다.

法不阿貴 繩不撓曲.
법불아귀 승불요곡

법은 신분이나 지위의 고하를 막론하고 만인 앞에 공정하다. 한비가 살던 시대
도 그랬고 지금도 그래야 한다. 법은 잣대요, 원칙이기에 그렇지 않은가. 인간
의 사사로운 마음의 논리를 벗어나 공적인 영역으로 들어오려면 누구나 공감할
수 있는 영역이 존재해야 한다.

216

다투지 않는 덕

戌

노자老子 68장

장수 노릇을 잘하는 사람은 용맹함을 뽐내지 않고
싸움을 잘하는 사람은 노여워하지 않으며,
적을 잘 이기는 사람은 다투지 않고
사람을 잘 부리는 사람은 몸을 낮춘다.
이것을 다투지 않는 덕이라 하고
이것을 사람을 부리는 능력이라고 하며,
이것을 하늘[의 도道]과 짝한다 하니
이는 옛날 [무덕武德의] 정점이었다.

善爲士者不武 善戰者不怒 善勝敵者不與 善用人者爲之下.
선 위 사 자 불 무   선 전 자 불 로   선 승 적 자 불 여   선 용 인 자 위 지 하

是謂不爭之德 是謂用人之力 是謂配天古之極.
시 위 부 쟁 지 덕   시 위 용 인 지 력   시 위 배 천 고 지 극

뛰어난 장수는 함부로 용맹을 과시하지 않으며, 싸움을 잘하는 사람 역시 함부
로 분을 토하지 않는다. 전쟁의 최고 금기는 바로 노여움이다. 현재의 리더들이
갖춰야 할 덕목이기도 하다. 노자가 말하는 무덕武德은 바로 '부쟁지덕不爭之德',
즉 '다투지 않는 덕'이다.

218

부드러움의 힘

노자老子
36장

부드럽고 약한 것이 굳세고 강한 것을 이긴다.
[마치] 물고기가 연못을 벗어나서는 안 되듯,
나라의 이기(예리한 무기)는 다른 사람들에게 보여줘서는 안 된다.

柔弱勝剛强.
유 약 승 강 강

魚不可脫於淵
어 불 가 탈 어 연

國之利器 不可以示人.
국 지 이 기 불 가 이 시 인

부드러움이 강함을 이긴다는 말은 유효하다. 남에게 과시하지 말고, 때론 나를
숨기고 자신만의 생존법을 지키는 삶의 방식이어야 한다.

홀로 되기를 삼가라

중용中庸 1장

숨겨놓은 것보다 잘 드러나는 것은 없고
미세한 것보다 잘 드러나는 것이 없으니
그러므로 군자는 홀로 됨을 삼가야 한다.

莫見乎隱
막 견 호 은

莫顯乎微
막 현 호 미

故君子愼其獨也.
고 군 자 신 기 독 야

신독愼獨이란 처세의 가장 중요한 기본 의미다. 왜 그런가? 늘 보이지 않는 곳에
무엇이든 자라고 있기 때문이다. 은미隱微함은 남들에게는 안 보이지만 나만은
알고 있다. 은미함을 인지하는 것이 바로 '통찰력'이다. 남들이 보지 못하는 것
을 보는 사람이 고수高手이고, 그렇지 않으면 하수下手다.

낮은 곳을 딛고 일어서라

중용中庸 15장

군자의 도는
비유하건대 먼 곳에 가려면
반드시 가까운 곳에서 시작해야 하고,
비유하건대 높은 곳에 오르려면
반드시 낮은 곳에서 시작해야 한다.

君子之道
군 자 지 도

辟如行遠必自邇
비 여 행 원 필 자 이

辟如登高必自卑.
비 여 등 고 필 자 비

'천릿길도 한 걸음부터'라는 의미다. '등고자비登高自卑'란 말도 바로 이 말이다. 높은 태산도 가장 낮은 지면에서 시작하니, 높은 곳에 오르려면 반드시 낮은 곳에서 시작해야 한다. 이는 군자의 도만은 아니고 우리 모두에게 적용되는 원칙이다.

손자병법孫子兵法 · 작전作戰

적을 알고 나를 알면
백 번 싸워도 위태롭지 않다.
적을 알지 못하고 나만 알면
한 번은 이기고 한 번은 지게 되며,
적을 알지 못하고 나도 알지 못하면
싸울 때마다 반드시 위태롭다.

知彼知己 百戰不殆.
지 피 지 기 백 전 불 태

不知彼而知己 一勝一負
부 지 피 이 지 기 일 승 일 부

不知彼不知己 每戰必殆.
부 지 피 부 지 기 매 전 필 태

상대에 대한 완전한 이해가 필요하다. 상대를 모르고 나를 과대평가하여 무모
하게 전쟁에 뛰어드는 경우도 종종 있다. 적군과 아군의 객관적 조건이 겉으로
드러나는 것처럼 보이나 그것은 빙산의 일각이다. 감추어진 전력이 보다 더 무
서운 파괴력을 지니고 있을 가능성이 크다.

나만의
칼자루가 있는가

상대의 허를 찔러라

손자병법 孫子兵法 · 허실 虛實

천 리를 행군하고도 [병사가] 피로하지 않은 것은
적이 없는 곳에서 행군하기 때문이다.
공격하면 반드시 취하는 것은
적이 수비하지 않는 곳을 공격하기 때문이다.
수비를 하면 반드시 지켜내는 것은
적이 공격할 수 없는 곳을 지키기 때문이다.

行千里而不勞者 行於無人之地也.
행 천 리 이 불 로 자 행 어 무 인 지 지 야

攻而必取者 攻其所不守也.
공 이 필 취 자 공 기 소 불 수 야

守而必固者 守其所不攻也.
수 이 필 고 자 수 기 소 불 공 야

상대가 예측하는 방향으로 공격하지 말고 상대의 허를 찔러야 한다. 완급과 방향을 조절하여 적으로 하여금 오판하게 만드는 좋은 방법이며, 허점을 찌를 수 있는 기반이 된다.

반드시 사람에게서 얻으라

손자병법 孫子兵法 · 용간用間

먼저 [적의 동태를] 안다는 것은
귀신에게 얻을 수 있는 것이 아니며,
옛일을 통해 얻을 수 있는 것도 아니며,
법칙을 통해 얻을 수 있는 것도 아니다.
반드시 [적의 동태를] 알고 있는 사람에게서 얻어야 한다.

先知者 不可取於鬼神
선 지 자　불 가 취 어 귀 신

不可象於事 不可驗於度.
불 가 상 어 사　불 가 험 어 도

必取於人 知敵之情者也.
필 취 어 인　지 적 지 정 자 야

사람을 통해서 정보를 얻어라. 사람을 통하라는 말은 적진에 깊숙이 간첩間諜을
침투시켜 깊이 있는 정보를 캐내라는 뜻이다. 손자는 이런 사람을 간자間者라 하
고 용병에 있어서 반드시 필요하다고 역설했다.

능력이 최우선이다

삼국지三國志·무제기武帝紀에 인용된 〈구현령求賢令〉

여러분은 나를 도와
낮은 지위에 있는 사람들을 살펴 추천하라.
오직 재능만이 추천의 기준이다.
나는 재능 있는 사람을 기용할 것이다.

二三子其佐我　明揚仄陋.
이 삼 자 기 좌 아　명 양 측 루

唯才是擧.　吾得而用之.
유 재 시 거　　오 득 이 용 지

능력이 빼어난 사람만을 우대한 조조曹操의 인재경영원칙이다. 철저한 자기관리력을 가진 조조가 비주류로서 북방의 권문세족 원소를 이겨내고, 위魏나라 창업을 이루어낸 것은 바로 능력과 효율 중심의 인재관을 견지했기 때문이었다.

福

행복의 장

물처럼 사는 인생이 아름답다

사람은 무엇인가를 추구하고 이루기 위해 끊임없이 욕망한다.
과연 행복한가? 한 번쯤 눈을 지그시 감고 자신의 내면을 비춰보라.
삶의 행복과 이를 지탱해주는 힘이
사소한 데서 나온다는 사실에 놀랄 것이다.
행복이란 물질과 지위의 문제가 아니라 바로 자신이 느끼는 마음에 있다.
욕심에 얽매이지 않고 자연처럼 유연하게 살아갈 때
진정한 행복에 이를 수 있다. 행복은 생각보다 우리 가까이에 있다.

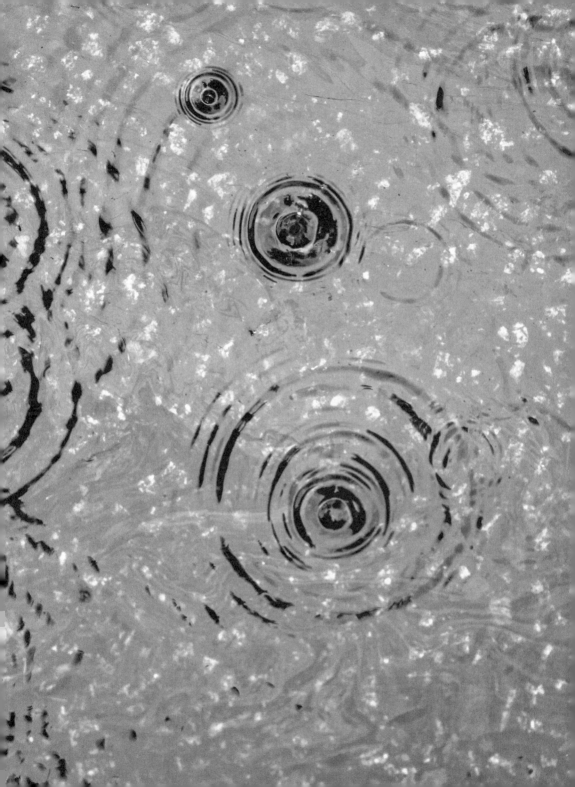

福

인생이란

명심보감明心寶鑑 · 성심상省心上

지나간 일은 아침 거울과 같고,
미래의 일은 칠흑처럼 어둡다.

過去事如鏡朝
과 거 사 여 경 조

未來事暗似漆.
미 래 사 암 사 칠

미래는 과거와 현재를 잇는 연장선 위에 있다. 과거와 현재에 이르는 흐름의 변화를 파악한다면 앞으로 다가올 미지의 세계도 어렵지 않게 예측할 수 있다. 그에 대한 대처 방안도 정확히 세울 수 있다.

福

삶이란 정해진 대로 살아가는 것

명심보감明心寶鑑 · 순명順命

모든 일에는 분수가 이미 정해졌거늘
덧없는 인생 부질없이 혼자 바쁘구나.

萬事分己定
만 사 분 이 정

浮生空自忙.
부 생 공 자 망

인간의 삶이란 정해진 대로 살아가게 마련이다. 이 말은 공자가 말했듯이 적어
도 지천명(50세)일 때 하는 말이지 젊은 사람에겐 어울리지 않는다. 세월이 흘
러 나이 50세쯤 되었을 때 삶의 방향을 바로 잡아 순탄하게 살아갈 필요가 있다.

福

명심보감 明心寶鑑 · 안분 安分

만족할 줄 아는 사람은
가난하고 지위가 낮아도 즐겁고,
만족할 줄 모르는 사람은
돈 많고 신분이 높아도 근심하게 된다.

知足者 貧賤亦樂
지 족 자 빈 천 역 락

不知足者 富貴亦憂.
부 지 족 자 부 귀 역 우

행복은 어디에서 오는가? 부와 명예에서 나오는 걸까? 그렇지 않다. 끊임없는
욕망은 우리를 불행으로 이끈다. 자신에게 맞는 삶을 살고 행복을 위해 조금씩
노력하면 행복해진다. 행복이란 물질과 지위의 문제가 아니라 바로 자신의 마
음으로 느끼는 것이다.

효도는 대물림된다

명심보감明心寶鑑 · 효행孝行

[부모님께] 효도하고 순종하는 사람은
효도하고 순종하는 자식을 낳으며,
거스르고 패역하는 사람은
거스르고 패역하는 자식을 낳는다.
믿지 못하겠거든 처마 끝의 물을 보라.
한 방울 한 방울 떨어지는 것에 어긋남이 없구나.

孝順 還生孝順子 忤逆 還生忤逆子.
효 순 환 생 효 순 자 오 역 환 생 오 역 자

不信 但看簷頭水. 點點滴滴不差移.
불 신 단 간 첨 두 수   점 점 적 적 불 차 이

모든 행동의 근본은 효다. '부모가 온 효자가 되어야 자식이 반 효자'란 말이
있다. 효자를 낳으려면 부모는 자식보다 두 배 이상 효도해야 한다.

福

복은 멀리 있지 않다

명심보감明心寶鑑 · 성심상省心上

집안이 화목하면 가난해도 좋지만
의롭지 못하다면 부유한들 무엇 하겠는가.
다만 효도하는 자식 하나라도 있으면
자손이 많은들 무슨 소용이 있겠는가.

家和貧也好　不義富如何.
가 화 빈 야 호　불 의 부 여 하

但存一子孝　何用子孫多.
단 존 일 자 효　하 용 자 손 다

집안의 화목이 제일이요, 효도하는 자식이 으뜸이다. 사람의 복은 멀리 있지 않
다. 모든 것이 마음의 문제이기 때문이다.

배우고 때때로 그것을 익히면 이 또한 기쁘지 않은가?
벗이 있어 먼 곳에서 찾아오면 이 또한 즐겁지 않은가?
남이 [나를] 알아주지 않아도 원망하지 않으면
또한 군자답지 않은가?

學而時習之 不亦說乎.
학 이 시 습 지   불 역 열 호

有朋自遠方來 不亦樂乎.
유 붕 자 원 방 래   불 역 락 호

人不知而不慍 不亦君子乎.
인 부 지 이 불 온   불 역 군 자 호

공자가 말하고자 하는 인간론의 핵심이 모두 들어 있는 문장이다. 공자가 생각
하는 삶의 즐거움은 먼 데 있는 것이 아니고 소박함 그 자체였다.

福

나이에 따라 살다

논어論語 · 위정爲政

나는 열다섯에 배움에 뜻을 두었고
서른이 되어서 자립했으며,
마흔이 되어서 미혹되지 않았고
쉰이 되어서 천명天命(하늘의 명)을 알게 되었으며,
예순이 되어서 귀가 순해졌고
일흔이 되어서 마음이 하고자 하는 대로 따라도
법도를 넘지 않았다.

吾十有五而志于學
오 십 유 오 이 지 우 학

三十而立 四十而不惑
삼 십 이 립 사 십 이 불 혹

五十而知天命 六十而耳順
오 십 이 지 천 명 육 십 이 이 순

七十而從心所欲 不踰矩.
칠 십 이 종 심 소 욕 불 유 구

공자가 나이가 들어감에 따라 변한 상태를 단계적으로 묘사했다. 자신의 체험
이지 타인에게 강요한 것은 아니다. 우리는 이 문장을 통해 공자의 삶을 분명하
게 이해할 수 있다. 더불어 내 삶에 비추어봄직도 하지 않겠는가.

福

안빈낙도의 삶

논어 論語 • 옹야 雍也

어질구나, 회(안회)여!
한 통의 대나무 밥과 한 표주박의 마실 것으로
누추한 골목에 살면서도,
다른 이들은 그 근심을 견디지 못하는데
회는 그 즐거움을 바꾸려 하지 않으니,
어질구나, 회여!

賢哉 回也.
현 재 회 야

一簞食 一瓢飮 在陋巷
일 단 식 일 표 음 재 루 항

人不堪其憂 回也不改其樂.
인 불 감 기 우 회 야 불 개 기 락

賢哉 回也.
현 재 회 야

공자가 생각하기에 군자의 즐거움은 천명을 실천함에 있고, 소인의 즐거움은
욕망을 충족하는 데 있다. 소인은 욕망을 충족하고자 의식주 문제에 매달리지
만, 군자는 이런 형이하학적인 문제에 좌우되지 않는다.

서두르지 말고 천천히

논어 論語 · 자로 子路

서두르지 말고
작은 이익을 보려고 하지 말라.
서두르면 도달하지 못하고
작은 이익을 보려고 하면 큰일을 이루지 못한다.

無欲速 無見小利.
무 욕 속 무 견 소 리

欲速則不達
욕 속 즉 부 달

見小利則大事不成.
견 소 리 즉 대 사 불 성

공자가 자하에게 다스림의 이치를 설명한 것으로, 우리 삶의 지표로 삼아도 무
방하다. 인생도 정치처럼 작은 것을 보려 하지 말고 큰 틀로 나아가라는 뜻이다.

세 가지 두려움

논어 論語 · 계씨 季氏

천명을 두려워하고
대인을 두려워하며
성인의 말씀을 두려워해야 한다.

畏天命 畏大人 畏聖人之言.
외 천 명 외 대 인 외 성 인 지 언

겁이 없는 사람은 소인이고, 겁이 많은 사람은 대인이요 군자다. 그 근본적인
차이는 천명을 인지하느냐의 여부에 달려 있다. 즉 자기 역량이 어느 정도인
지, 도대체 무엇을 할 수 있는지, 무엇을 해야 하는지 등을 제대로 인식하는 것
이 중요하다. 즉 분수를 알라는 말이다.

福

명성도 별거 아니다

사기
史記
·
범저
·
채택열전
范雎
·
蔡澤列傳

몸과 이름이 모두 온전한 것이 가장 훌륭하며,
이름은 남의 모범이 될 만하지만
몸을 보존하지 못한 것은 그다음이고,
이름은 욕되어도 몸만은 온전한 것이 가장 아래입니다.

身與名俱全者　上也.
신 여 명 구 전 자　상 야

名可法而身死者　其次也.
명 가 법 이 신 사 자　기 차 야

名在受辱而身全者　下也.
명 재 수 욕 이 신 전 자　하 야

채택이 범저에게 이제 이룰 만큼 이루었으니 하던 일을 그만두고 은둔을 권했
다. 만고불변의 처세 원칙이 바로 명예로운 상태에서 물러나는 것이다. 결국 범
저는 은둔을 택하게 된다.

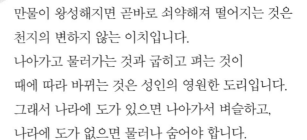

만물의 변화에 순응하라

사기史記·범저·채택열전范雎·蔡澤列传

만물이 왕성해지면 곧바로 쇠약해져 떨어지는 것은
천지의 변하지 않는 이치입니다.
나아가고 물러가는 것과 굽히고 펴는 것이
때에 따라 바뀌는 것은 성인의 영원한 도리입니다.
그래서 나라에 도가 있으면 나아가서 벼슬하고,
나라에 도가 없으면 물러나 숨어야 합니다.

物盛則衰 天地之常數也.
물 성 즉 쇠 천 지 지 상 수 야

進退盈縮 與時變化 聖人之常道也.
진 퇴 영 축 여 시 변 화 성 인 지 상 도 야

故 國有道則仕 國無道則隱.
고 국 유 도 즉 사 국 무 도 즉 은

만물은 변화하기 마련이고 변화에 순응하지 않는 삶은 자칫 존재의 근간마저
위협한다. 현명한 사람은 인생에서 가장 정점일 때 위치를 잘 감지하고 처세를
바로 한다.

福

기쁜 마음, 즐거운 인생

채근담菜根譚·전집前集 6장

사나운 바람과 성난 비가 내리면
날짐승도 근심에 쌓여 두려워하고,
맑게 갠 날에 맑은 바람이 불어오면
풀과 나무도 기뻐한다.
천지에는 하루라도 온화한 기운이 없어서는 안 되고,
사람의 마음에는
하루라도 기쁜 마음이 없어서는 안 된다.

疾風怒雨 禽鳥戚戚 霽日光風 草木欣欣.
질 풍 노 우 금 조 척 척 제 일 광 풍 초 목 흔 흔

可見 天地不可一日無和氣 人心不可一日無喜神.
가 견 천 지 불 가 일 일 무 화 기 인 심 불 가 일 일 무 희 신

기쁜 마음으로 조화롭고 즐겁게 사는 것이 행복의 원천이다. 마음이 즐거우면
세상이 즐겁고, 천지에 온화한 기운이 있어야 만물이 자랄 수 있다. 유쾌한 마
음이 행복과 평화를 불러온다.

福

마음을 열어 덕을 쌓아라

채근담菜根譚 · 전집前集 12장

살아생전의 마음이란 활짝 열어 너그럽게 하여
사람들로 하여금 불평을 듣지 않아야 한다.
죽은 뒤의 은혜와 혜택은 오래도록 흘러가게 하여
사람들로 하여금 부족함이 없다는 생각이 들게 해야 한다.

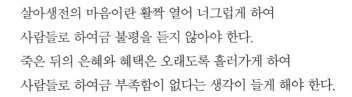

面前的田地 要放得寬 使人無不平之歎.
면 전 적 전 지 요 방 득 관 사 인 무 불 평 지 탄

身後的惠澤 要流得久 使人有不匱之思.
신 후 적 혜 택 요 류 득 구 사 인 유 불 궤 지 사

살아있을 때는 자신을 활짝 열어두어 누구에게도 원한을 사지 말고, 죽은 뒤에
는 은혜와 혜택을 널리 퍼트려 덕을 쌓아야 한다.

福

성공과 감동 사이

채근담菜根譚 · 전집前集 28장

세상을 살아감에 있어 군이 성공을 구하지 말라.
허물이 없으면 이것이 바로 성공이다.
남에게 베풂에 있어 [나의] 덕에 감동하기를 구하지 말라.
원망이 없으면 이것이 바로 덕이다.

處世 不必邀功. 無過便是功.
처 세 불 필 요 공　무 과 변 시 공

與人 不求感德. 無怨便是德.
여 인 불 구 감 덕　무 원 변 시 덕

처세의 기본은 지나침이 없고 무리수를 던지지 않는 것이다. 세상을 살아가면
서 남의 입살에 오르내리지 않는다면 적어도 잘 살아간다고 할 수 있다.

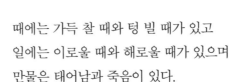

세상은 순환하고 상생한다

福

한비자韓非子 · 설림하說林下

때에는 가득 찰 때와 텅 빌 때가 있고
일에는 이로울 때와 해로울 때가 있으며
만물은 태어남과 죽음이 있다.

時有滿虛
시 유 만 허

事有利害
사 유 리 해

物有生死.
물 유 생 사

세상사는 단순하게 흘러가지 않고, 상생하며 발전한다. 인간의 일도 마찬가지
다. 자기감정에 몰입하기보다는 객관적으로 바라보는 냉철함이 필요하다는 뜻
이다. 사고의 유연성을 말하고 있다.

福

가연하게 살아가야 하지 않겠는가

사람이 살아있을 때는 부드럽고 연약하지만
죽게 되면 딱딱하고 굳어버린다.
만물 초목도 살아있을 때는 부드럽고 여리지만
죽게 되면 마르고 뻣뻣해진다.
그러므로 딱딱하고 굳어버린 것은 죽음의 무리이고,
부드럽고 연약한 것은 삶의 무리이다.

노자老子 76장

人之生也柔弱 其死也堅强.
인 지 생 야 유 약 　 기 사 야 견 강

萬物草木之生也柔脆 其死也枯槁.
만 물 초 목 지 생 야 유 취 　 기 사 야 고 고

故堅强者死之徒 柔弱者生之徒.
고 견 강 자 사 지 도 　 유 약 자 생 지 도

산 것과 죽은 것의 차이는 부드러움과 뻣뻣함의 차이와 같다. 가장 민첩한 부드
러운 잔뿌리는 땅의 깊숙한 곳까지 침투해 물을 빨아올리지만, 이미 딱딱해진
뿌리는 움직임 없이 땅속에 갇혀 있다. 나이가 어릴 때 유연하고, 나이가 들수
록 뻣뻣해지는 우리의 몸도 매한가지다. 세상을 사는 이치도 자연처럼 유연하
게 살아가야 하지 않겠는가.

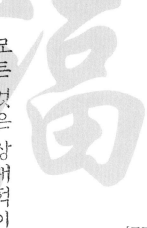

모든 것은 상대적이다

노자老子 18장

[교묘한] 지혜가 나타나자 큰 거짓도 나타났다.
육친六親(아버지·자식·형·동생·남편·아내, 곧 가정)이
화목하지 못하자 효성과 자애가 생겨났고,
국가가 혼란해지자 충신이 나왔다.

智慧出 有大僞.
지 혜 출   유 대 위

六親不和 有孝慈
육 친 불 화   유 효 자

國家昏亂 有忠臣.
국 가 혼 란   유 충 신

인위와 가식은 인간이 만든 틀이다. 세상의 이치도 상대적이지 않은가. 괴교怪巧
(괴상하고 교묘함)로 가득 찰수록 백성은 그에 상응하여 거짓되고 사악한 일들을 일
삼게 된다.

福

세월의 무상함

하지장賀知章 · 회향우서回鄕偶書

젊어서 고향을 떠나 늙어서야 돌아오니
시골 사투리는 변함없으되 머리털만 희었구나.
아이들은 서로 바라보나 알아보지 못하고
웃으면서 어디서 온 나그네냐고 묻네.

少小離鄕老大回 鄕音無改鬢毛衰.
소 소 리 향 로 대 회   향 음 무 개 빈 모 쇠

兒童相見不相識 笑問客從何處來.
아 동 상 견 불 상 식   소 문 객 종 하 처 래

세월의 무상함을 뜻하는 말로 초당시인 하지장의 시다. 모든 것이 뒤바뀐 고향
에 돌아왔다. 그러나 젊은 시절 주인노릇하던 고향에 이제는 그저 떠나야 하는
객客이 되어 돌아왔으니, 주객전도主客顚倒의 서글픈 감회가 시인의 가슴을 파고
들 뿐이다.

福

늙어가는 인생

이백李白 · 추포가秋浦歌

흰머리 삼천 장
시름 때문에 이처럼 자랐나니
알 수 없구나, 밝은 거울 속의 몰골은
어디서 가을 서리 맞았는지.

白髮三千丈　緣愁似個長
백 발 삼 천 장　연 수 사 개 장

不知　明鏡裏　何處得秋霜.
부 지　명 경 리　하 처 득 추 상

노인의 머리카락이 많이 자랐음을 과장하여 표현했다. '한 번 마시면 삼백 잔
이지一飮三百杯(이백,〈장진주將進酒〉)'라고 할 정도로 풍류 기질이 강한 이백이지만,
이 시에서 만큼은 자신의 삶에 대한 깊은 회한의 모습이 묻어난다. 이 시를 쓰
고 몇 년 뒤에 생을 마감했으니 말이다.

공자, 김원중 옮김,《논어》, 글항아리, 2012

____, 김학주 옮김,《논어》, 서울대학교출판부, 2009

____, 김형찬 옮김,《논어》, 홍익출판사, 2003

김용옥,《노자와 21세기》(전3권), 통나무, 1999

김원중,《경영사서》, 민음인, 2014

_____,《노자》,〈텍스트에 있어서의 부정과 역설의 미학─"道可道, 非常道"를 중심으로〉(중국어논역총간 32집), 2013

_____,《사기 성공학》, 민음사, 2012

_____,《중국 문화사》, 을유문화사, 2003

_____,《한비자의 관계술》, 위즈덤하우스, 2012

노자, 김원중 옮김,《노자》, 글항아리, 2013

____, 김학목 옮김,《노자 도덕경과 왕필의 주》, 홍익출판사, 2012

____, 김학주 옮김,《노자》, 연암서가, 2011

____, 오강남 옮김,《노자》, 현암사, 1995

____, 최재목 옮김,《노자》, 을유문화사, 2006

리링, 김승호 옮김,《전쟁은 속임수다》, 글항아리, 2012

박이문,《老莊思想》, 문학과 지성사, 1985

박재희,《삼분고전1, 2》, 작은씨앗, 2011 · 2013

사마천, 김원중 옮김,《사기본기》, 민음사, 2015

_____, 김원중 옮김,《사기세가》, 민음사, 2015

_____, 김원중 옮김,《사기열전》, 민음사, 2015

성백효 역주,《논어집주》, 전통문화연구회, 1990

손자, 김원중 옮김,《손자병법》, 글항아리, 2011

순자, 김학주 옮김,《순자》, 을유문화사, 2008

신영복,《강의-나의 동양고전독법》, 돌베개, 2004

양보쥔楊伯峻,《논어역주論語譯注》, 베이징 : 중화서국, 1980

오긍, 김원중 옮김,《정관정요》, 휴머니스트, 2016

이중톈, 심규호 옮김,《백가쟁명》, 에버리치홀딩스, 2010

_____, 심규호 옮김,《사람을 말하다》, 중앙북스, 2013

_____, 유소영 옮김,《정치를 말하다》, 중앙북스, 2013

장자, 김학주 옮김,《장자》, 연암서가, 2010

___, 안동림 옮김,《장자》, 현암사, 2004

___, 오강남 옮김,《장자》, 현암사, 1999

최진석,《노자의 목소리로 듣는 도덕경》, 소나무, 2001

추적, 김원중 옮김,《명심보감》, 글항아리, 2012

한비자, 김원중 옮김,《한비자》, 휴머니스트, 2016

홍자성, 김성중 옮김《채근담》, 홍익출판사, 2005

김원중 교수의
마음에 쓰는 고전
© 김원중, 2016

초판 1쇄 인쇄 2016년 4월 25일
초판 1쇄 발행 2016년 4월 30일

지은이 김원중
펴낸이 이기섭
편집인 김수영
기획편집 오혜영 이미아
마케팅 조재성 정윤성 한성진 정영은 박신영
경영지원 김미란 장혜정

펴낸곳 한겨레출판(주) www.hanibook.co.kr
등록 2006년 1월 4일 제313-2006-00003호
주소 서울시 마포구 효창목길 6(공덕동) 한겨레신문사 4층
전화 02)6383-1602~3 **팩스** 02)6383-1610
대표메일 happylife@hanibook.co.kr

ISBN 978-89-8431-980-6 03100